監修者——佐藤次高／木村靖二／岸本美緒

［カバー表写真］
隋・虞弘墓の石棺彫刻（山西省太原市出土）

［カバー裏写真］
唐代の三彩騎駝楽人（西安南何村，鮮于庭誨墓出土）

［扉写真］
唐・大明宮の含元殿遺址（現在は修築されている）

世界史リブレット97

唐代の国際関係

Iwami Kiyohiro
石見清裕

目次

唐という国を考えるにあたって

「唐」という国の名を耳にすると、みなさんは真っ先になにを思い浮かべるであろうか。日本が派遣した「遣唐使▲」であろうか。日本の古代王朝が導入した律令であろうか。あるいは、最澄《さいちょう》▲・空海《くうかい》▲が伝えたような仏教であろうか。なかには、学校で習った李白《りはく》▲や杜甫《とほ》▲の漢詩を思い浮かべる人もいるであろう。中国史の数ある王朝のなかでも、唐は日本人になじみ深い国ではないだろうか。

それならば、その唐という国は、いったいどのような人たちが、どのようにしてつくったのであろうか。唐というと、シルクロードで西域とつながってエキゾチックな国際的文化が花開いた時代というイメージをいだく人も多いであろう。それはかならずしもまちがいではなく、事実無根でもない。それならば、

▼**遣唐使**　諸外国から唐に派遣された使節団。一般的には日本が派遣した使節を指すことが多い。

▼**最澄**（七六七〜八二二）　日本天台宗の開祖、伝教大師。唐の天台山に学び、比叡山延暦寺を創立。

▼**空海**（七七四〜八三五）　日本真言宗の開祖、弘法大師。唐の長安に学び、高野山を修行場とした。

▼**李白**（七〇一〜七六二）　盛唐の詩人。字（あざな）は太白。自由奔放で天才的な詩風から「詩仙」と称される。

▼**杜甫**（七一二〜七七〇）　盛唐の社会派詩人。字は子美。真面目な作風から「詩聖」と称される。

どうして唐代の中国にそのような社会や文化が形成されたのであろうか。

本書は、こうした問題を一歩掘り下げるために、唐(六一八〜九〇七年)という時代の中国を、ユーラシアの国際関係史に位置づけ、なるべく客体視して考えてみようとするものである。

ところで、国と国の境界というと、われわれは知らず知らずのうちに「国境線」を想定してしまう。これは、陸上ばかりでなく海域まで線で区切られている現代に生きているのだから、やむをえない。しかしながら、前近代においては、国と国の境界は線で区切られるものではない。それは、二つの文化圏のあいだに横たわり、両文化を混在させる「境界地帯」によって区切られていた。しかも、その境界地帯そのものが独自の文化をもち、場合によってはその地帯の幅を広げたり狭めたりする。

それは、「中国」を歴史的に考えるさいにも重要である。前近代の中国の王朝をみるときに、現在の国境で区切られた中華人民共和国を想定してはいけない。中国史にあらわれる王朝のなかには、現在の中国の境域に近い版図をもった国もあれば、そうでない国もある。中国そのものが、広がったり狭まったりするのである。これはいい方をかえれば、「境界地帯」が中国側の支配範囲になるか、外側の勢力の支配範囲になるかの違いによって生じる現象だといってよい。そして、その現象には、つねに国際関係が深くかかわっている。

したがって今、唐という国、唐という時代を考えるにあたって、われわれは国境線の概念をいったん念頭から取り外しておかねばならないのである。

なお、唐代の東アジア国際関係というと、わが国ではしばしば「東アジア世界」という語が用いられる。これは、唐・朝鮮半島・日本で形成される世界（渤海《ぼっかい》▲国を含むこともある）を想定した語である。日本史の立場からみれば、直接かかわる外交範囲はその程度であろう。しかし、中国史の立場からみれば、いつの時代でも最大の問題となるのはまず北方であり、ついで西方である。したがって、右の意味での「東アジア世界」を想定することはほとんど意味がない。本書で「東アジア」といった場合、それはユーラシアの東半分を指していることをご了解願いたい。

さて、そのような視点から唐をみてみると、そこにはいったいどのような姿がみえてくるであろうか。

▼**渤海**（六九八〜九二六年）　中国東北地方に栄えた国。建国者大祚栄（だいそえい）は高句麗（こうくり）系といわれ、領民は主として高句麗遺民と靺鞨（まっかつ）人によって構成された。首都は上京竜泉府（じょうけいりゅうせんふ）や東京竜原府（とうけいりゅうげんふ）など。日本には前後三〇数回使節を派遣した。「海東の盛国」と称されたが、契丹（きったん）によって滅亡。

①—唐王朝の成立

隋・唐皇室の系譜

まず、隋・唐両王朝はどのような人たちが建てたのか、両皇室の系譜をみてみよう。『隋書《ずいしょ》』巻一、高祖帝紀《こうそていき》の冒頭には、

　高祖、文皇帝《ぶんこうてい》、姓は楊《よう》氏、諱《いみな》は堅《けん》、弘農《こうのう》郡華陰《かいん》の人なり。

とあり、『旧唐書《くとうじょ》』巻一、高祖本紀《ほんぎ》の冒頭には、

　高祖、神堯大聖大光孝皇帝、姓は李《り》氏、諱は淵《えん》、その先は隴西狄道《ろうせいてきどう》の人。涼《りょう》の武昭王《ぶしょうおう》・暠《こう》の七代の孫なり。

と記される。どちらも「高祖」が死後の廟号、そのつぎの称号が正式な皇帝号である。隋の初代皇帝は本名を楊堅▲といい、弘農郡（河南省霊宝）華陰県出身の人であり、唐の初代皇帝は李淵▲といい、隴西郡（甘粛省隴西）狄道県出身で、五胡十六国の一つ西涼《せいりょう》を建てた武昭王李暠（八頁参照）の七代目の子孫だという。弘農華陰の楊氏、隴西狄道の李氏といえば、南北朝時代の名族中の名族である。

続いて両皇室の初代皇帝までの系図は、つぎのように記されている。

▼楊堅（隋の文帝、在位五八一～六〇四）　北周（ほくしゅう）の宰相から禅譲（ぜんじょう）（一四頁参照）によって帝位につき、隋を建国した。

▼李淵（唐の高祖、在位六一八～六二六）　隋の将軍。隋末の乱にさいして長安を占拠し、唐を建国した。

▼六鎮　平城（へいじょう）（山西省大同（だいどう））を都とした北魏が、北方防備のために東西に配置した軍鎮。

〔隋〕後漢・楊震《しん》…（八代）…鉉《げん》―元寿《げんじゅ》―恵嘏《けいか》―烈《れつ》―禎《てい》―忠《ちゅう》―堅
〔唐〕西涼・李暠―歆《きん》―重耳《ちょうじ》―熙《き》―天錫《てんしゃく》―虎《こ》―昞《へい》―淵

この系図にはもう少し説明が付され、隋の楊氏は楊元寿の代に北魏《ほくぎ》の六鎮《りくちん》▲の一つ武川鎮《ぶせんちん》に転居し、楊堅の父楊忠は、宇文泰《うぶんたい》▲が長安に西魏《せいぎ》（六頁参照）を建国したさいに一役買い、その功績から楊忠は「普六茹《ふろくじょ》」という姓と「隋国公」の称号を与えられたという。楊堅はこの称号を受け継ぎ、即位すると自分の国を隋と称したのである。

同様に唐の李氏は、李熙の代に武川鎮に転居し、この熙とその子天錫とは、はるか後世の唐・第三代皇帝高宗《こうそう》の時代にそれぞれ宣皇帝・光皇帝として祀《まつ》られた。そして李虎の代に、宇文泰の西魏建国に一役買い、その功績から李虎は「大野《たいや》」という姓と「唐国公」の称号を与えられ、この称号が孫に受け継がれ、李淵は即位すると国号を唐と称したのである。なお、李虎とその子昞はともに李淵即位直後にそれぞれ皇帝として祀られている。

さて、このようにみると、隋・唐両皇室の系譜には、著しい共通性があることに気づくであろう。両氏ともに、名門貴族の血を引き、一時武川鎮に移り、

そのうち沃野（よくや）・懐朔（かいさく）・武川・撫冥（ぶめい）・柔玄（じゅうげん）・懐荒（かいこう）鎮をいう。北魏末期に反乱を起こし、華北は東魏・西魏に分裂した。

▼**宇文泰**（五〇五～五五六）　武川鎮出身。六鎮の乱で武川鎮より洛陽に移り、西方討伐で長安に自立。洛陽より北魏の孝武帝（こうぶてい）をむかえて西魏を建てた。

北魏時代の華北

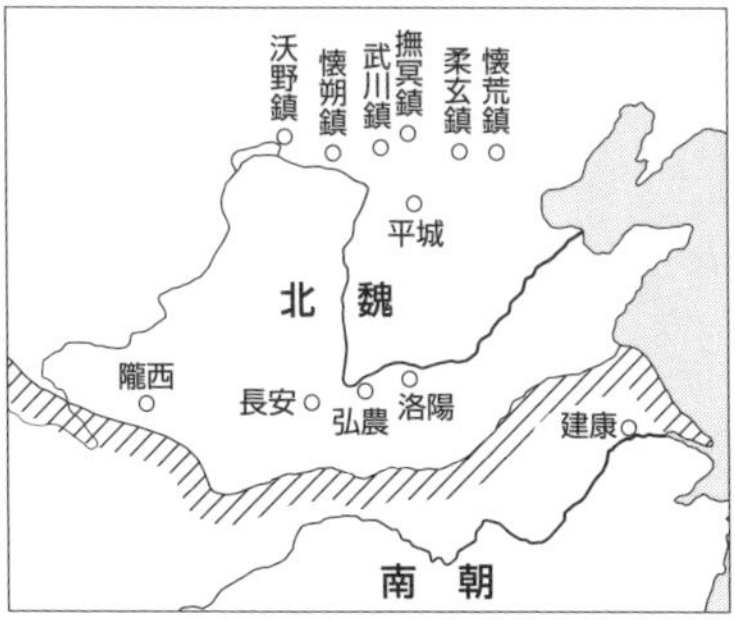

宇文泰の西魏建国に一役買い、そのときに中国内地にもどり、普六茹氏・大野氏というどうみても漢族姓とは思えない姓を名乗り、のちにふたたび楊氏・李氏にもどしたというのである。

このような系図をそのまま信用してよいものであろうか。

六鎮の乱と北族の南下

隋の楊氏、唐の李氏がかつて転居したという武川鎮とは、北魏の時代に現在の内蒙古自治区にほぼ東西に配置された軍鎮（六鎮と総称する）の一つである。北魏ははじめ平城（山西省大同市）に都をおいたので、北方台地のステップ地帯を押さえるために、六鎮は重要な位置にあった。ところが、第六代の孝文帝《こうぶんてい》が洛陽に遷都し、北魏が伝統的な中国王朝へと変質▲すると、無用の長物として北方に取り残された六鎮の民は、以前のような地位も利益も望めず、その不満から五二三年に「六鎮の乱」を起こした。そして、この乱をきっかけにして北魏は東魏《とうぎ》▲と西魏▲に分裂したのである。

六鎮の乱は、沃野鎮にいた破六韓抜陵《はろくかんばつりょう》という兵士の挙兵に始まり、それがほ

▼北魏の変質　孝文帝は洛陽遷都後、宮廷での胡服・胡語・辮髪などを禁止し、漢族との通婚を奨励し、胡漢統一世界をめざした。この一連の改革は「漢化政策」といわれる。

▼東魏　西魏建国後の北魏東方領を「東魏」と呼ぶ。実権は高歓が握り、都を鄴（〈ぎょう〉河北省磁県）に移した。五五〇年に高歓の子高洋（こうよう）が帝位を奪い、国号を「北斉」と改めた。

▼西魏　宇文泰が長安を中心に建てた魏を便宜上「西魏」と呼ぶ。実権は宇文氏が握り、五五六年に宇文泰の子宇文覚（うぶんかく）が即位し、国号を「北周」と改めた。

▼**爾朱栄**（四九三〜五三〇）　山西省秀容の酋豪。六鎮の乱の賊を撃ち破って洛陽に入城、反対派を弾圧して一時朝廷の実権を握ったが暗殺された。配下から高歓、宇文泰らを輩出。

▼**高歓**（四九六〜五四七）　懐朔鎮出身。六鎮の乱に参加して爾朱栄の配下にはいり、栄の死後、爾朱氏一族を破って北魏（東魏）の実権を握った。

東魏・西魏

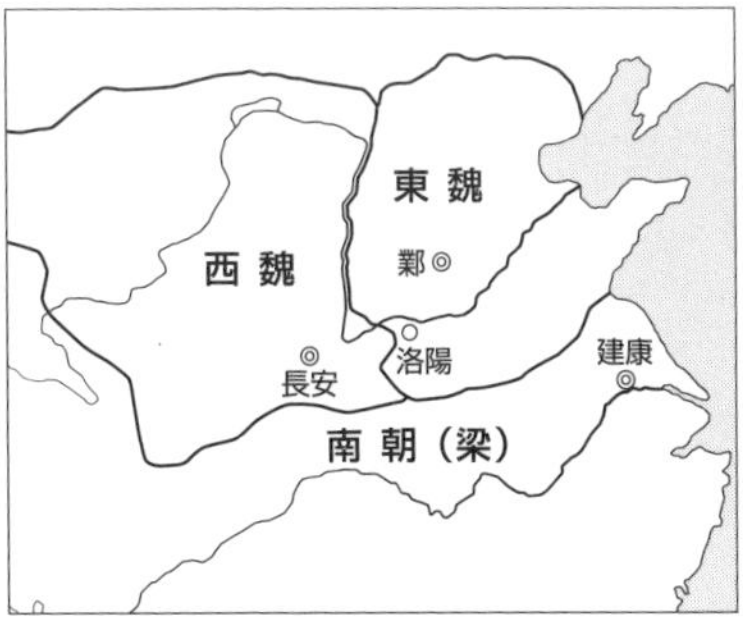

かの鎮にも飛び火して広がった。やがて反乱軍に合流する勢力や、逆に反乱軍に抵抗する勢力、あるいは機に乗じて自立しようとする土着勢力などが入り乱れ、華北は大混乱に陥った。一時は秀容《しゅうよう》の爾朱《じしゅ》氏が台頭し、首都洛陽に乗り込んで北魏の実権を握りかけたが、頭領の爾朱栄《えい》▲が暗殺されると、一族の内部分裂もあって爾朱氏の勢力もしぼんでしまった。こうした情勢のうちから頭角をあらわし、北魏の実権を掌握したのが、かつて爾朱栄の配下にあった高歓《こうかん》▲という人物で、これが実質上の東魏（のちの北斉《ほくせい》）の建国者である。

一方、爾朱栄の配下には武川鎮出身の宇文泰がおり、この人物を中心に武川鎮民などが西方に移り、爾朱氏没落後に長安に拠点をおいて洛陽の高歓と対立した。やがて洛陽の混乱を逃れた北魏の皇帝をむかえいれ、こちらが正当な魏であると主張した。これが西魏（のちの北周）であり、宇文泰がその実質上の建国者である。一般に北魏は東西に分裂したといわれるが、その実は宇文泰たちが長安に勝手にもう一つの魏を建てたというのが実態に近い。そして、隋の楊氏、唐の李氏はこの宇文泰の勢力下で西魏建国に一役買ったのであり、それが両皇室の系図に反映されたのである。したがって隋も唐も長安に都をおくのであり、後漢以来、西方の田舎町になっていた長安はふたたび歴史の脚光をあびてくるのである。ちなみに、以上に登場した宇文氏・爾朱氏も、秦漢以来の伝統的な中国姓ではなく、どちらも民族的には匈奴《きょうど》▲系の可能性が高いといわれる。それならば、隋の楊氏、唐の李氏が弘農と隴西の名族の出であるというのは、信用できるであろうか。

　唐の李氏の系図が書きはじめられる西涼▲の武昭王李暠▲は、まがりなりにも五胡十六国の一君主であるから、歴史書にその名が登場する。『晋書《しんじょ》』巻八七、涼武昭王李玄盛《りげんせい》伝がそれである（玄盛は李暠の字《あざな》）。同列伝によれば、李暠の子はたしかに李歆であり、歆の代で西涼は滅亡した。そして李歆の子が李重耳であることもまちがいなく、西涼滅亡後に重耳は南朝の宋に逃れ、のちに北魏に帰属したと記されている。しかし、この重耳の子が李熙であるとはどこにも書かれていない。あらためて五頁の李氏系図を見ると、つまりこの系図の重耳と熙のあいだはつながらないのであり、そして熙の代に李氏は武川鎮に移住したというのである。ここに系図の作為性をみてとることができるであろう。その証拠に、唐建国後、皇室はとっくに死去していた先祖を皇帝として祀るのであ

▼匈奴　秦漢時代のモンゴリアの遊牧民族。南北に分裂し、南匈奴は中国北辺に移住、その子孫がのちの五胡の一つとされる匈奴。

▼西涼（四〇〇〜四二一年）　五胡十六国の一つ。酒泉を中心とした地方政権。北涼に敗北して二代で滅んだ。

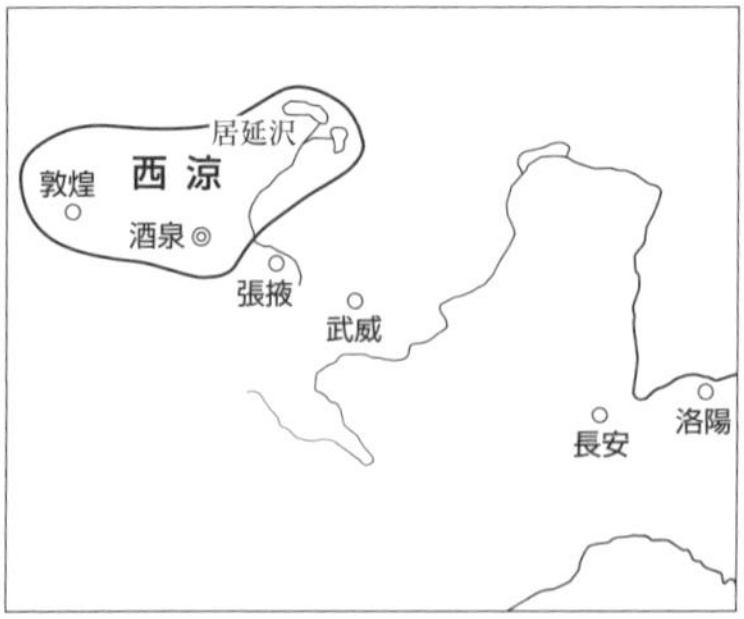

▼李暠（在位四〇〇〜四一七）　隴西の漢人出身。敦煌太守の地位より自立し、西涼を建国。勢力を東方に伸ばして酒泉を都とした。

るが、それは李熙までであり、それ以前には遡らないのである。

すなわち、唐皇室の系譜はつぎのようなものであったとみてよいであろう。この一族は北魏時代より武川鎮付近で牧畜業に従事し、もともと大野氏を名乗り、六鎮の乱が起こると宇文泰とともに動きだし、長安で西魏建国に協力し、その後、西涼・武昭王の系図を利用して隴西の名族李氏の出身であるかのように系譜を捏造《ねつぞう》した、と。おそらく、隋・楊氏の系図も大同小異であろう。ちなみに、唐の高祖李淵の妻は竇《とう》皇后といい、漢代以来の名族竇氏を名乗っているが、その実は費也頭《ひやとう》部の紇豆陵《こつとうりょう》氏が姓を竇氏と改めた一族の出身である。そして、この費也頭部の種族は匈奴系に属すのである。隋・唐の建国に、いかに北方民族がかかわっていたかがうかがえるであろう。

六鎮の乱を契機に中国内地に移住した北族のなかには、漢字の読み書きができない者が多数いた。一例をあげれば、斛律金《こくりつきん》▲という人物は本名を阿六敦《あろくとん》といったが、漢字が難しくて署名できず、名を金と改めた。この人物の出自はテュルク▲(トルコ)系と思われる。なぜなら、古代トルコ語で金はアルトゥン(altun)といい、阿六敦はこの漢字音写に違いないからである。ところが「金」の字も

▼**斛律金**(四八八〜五六七)　高車(こうしゃ)族出身。北斉建国に功績をあげた軍人。下記のエピソードは『北史』巻五四に記される。同様の例には、厙狄干(しゃてきかん)は「干」を上下逆さまに署名し、王周は「周」の字を「吉」をさきに書いたという。いずれも『北斉書』巻一五。

▼**テュルク**　Türk はトルコの原音。漢文では突厥(とっけつ)・勅勒(ちょくろく)・鉄勒(てつろく)などと表記される。六世紀なかごろ突厥が自立し、以後ウイグルまでモンゴリアに覇を唱えた。九世紀なかごろのウイグル滅亡を契機に、テュルク民族は西方に移動した。

書けず、そこで漢人が屋根にたとえて教えたという。おそらく、屋根・梁・天井・柱・床を描き、そこに夫婦が向かい合う姿になぞらえて「金」を覚えさせたのであろう。

隋や唐を建てた中心勢力は、じつはこのような人たちなのである。しかし、だからといって、彼らを野蛮な集団とみてはならない。五胡十六国時代以降、多くの矛盾を内包し、出口の見つからなかった中国史に、六鎮の乱後の民族移動は新しい息吹をふきこみ、次代の歴史展開を生み出す新鮮なエネルギーをもたらしたのである。

隋末の乱と唐の建国

北周と北斉の東西対峙の形勢は、五七七年に東の北斉が滅び、華北は西の北周の統治下にはいった。しかし、その北周も五八〇年に外戚の楊堅に位を奪われ、楊堅の隋が五八九年に南朝最後の陳《ちん》を併合し、中国は久しぶりに統一された。ところが、ようやく訪れた隋による統一政権も、三十数年で崩壊してしまった。隋末の乱が勃発したのである。

▼**赤眉の乱**（一八〜二七年）　王莽（おうもう）の新の末期、華北に起きた反乱。反乱軍が眉を赤く染めたという。

▼**黄巾の乱**（二世紀末）　後漢末期、太平道の教祖張角（ちょうかく）の指導で起きた大反乱。乱徒が黄色の頭巾をつけたという。

▼**紅巾の乱**（一三五一〜六六年）　元末期に白蓮教（びゃくれんきょう）の指導者によって起こされた反乱。乱徒が紅色の頭巾をつけたという。

▼**陳勝・呉広の乱**（前二〇九〜前二〇八年）　秦末に起きた中国最初の農民反乱。陳勝の言葉「王侯将相いずくんぞ種あらんや」は有名。

中国史上しばしばあらわれた「乱」には、乱徒が身につけたシンボルや反乱首謀者の名をとって命名される場合が多い。赤眉《せきび》の乱▲(新末)、黄巾《こうきん》の乱▲(後漢末)、紅巾《こうきん》の乱▲(元末)などは前者であり、陳勝《ちんしょう》・呉広《ごこう》の乱▲(秦末)、安史《あんし》の乱▲(唐)、黄巣《こうそう》の乱▲(唐末)、李自成《りじせい》の乱▲(明末)などは後者である。また、太平天国の乱▲(清)は上帝会《じょうていかい》が称した国号に、義和団《ぎわだん》の乱▲(清末)は宗教団体の名称によっている。しかし、隋末の乱にはそのような呼称がない。乱徒が反乱のシンボルを身につけたこともなく、首謀者が限定されるわけでもなく、とりわけ宗教色が濃いわけでもない。そこで、一般的には「隋末の乱」または「隋末唐初の乱」と呼んでいる。ただし、このような呼称しかできないということは、逆にいえば反乱の規模がそれだけ大きかったことを物語っているのである。事実、隋末の乱は中国史上で最大規模の乱であり、四川を除く中国のほぼ全域を巻き込んだ。その特徴は極めて土着性の強いことにあり、典型的な群雄割拠の情勢をつくりあげた。この点は、唐末の黄巣の乱が、塩の商業経路を利用して非常に流動的な動きを示したことと対照的である。つまり、隋末と唐末の反乱の動きの違いは、唐三〇〇年のあいだに中国の商業・流通が飛躍的に発展したことを物語っ

▼**安史の乱**(七五五〜七六三年) 唐中期に安禄山(あんろくざん)父子・史思明(ししめい)父子を中心に起きた反乱。唐はウイグル(一八頁参照)の援軍をえてようやく鎮圧した。

▼**黄巣の乱**(八七五〜八八四年) 唐末期に塩の密売商人黄巣が指導した反乱。流通経路を移動して中国全土を混乱におとしいれた。

▼**李自成の乱**(一六二八〜四五年) 明末期に飢民によって起こされた。北京を占領して明を滅亡させたが、呉三桂(ごさんけい)と清軍に敗れた。

▼**太平天国の乱**(一八五一〜六四年) 洪秀全(こうしゅうぜん)率いる上帝会が広西で挙兵し、南京を都にして建国した反乱。儒教など伝統秩序の打破を叫んだ。

▼**義和団の乱**(一九〇〇〜〇一年) 義和拳(ぎわけん)という武術修練をおこなう宗教結社が山東で起こした反乱。八カ国連合軍が北京に出兵して鎮圧。

ているのである。

さて隋末の乱は、早くも第二代煬帝《ようだい》▲の治世七年（大業《たいぎょう》七〈六一一〉年）に山東の王薄《おうはく》▲という民が長白山にたてこもって「遼東に向かいて浪死する無かれ」という歌を広め、兆候をみせはじめた。歌の意味は「高句麗《こうくり》遠征に従軍して犬死になどするな」という呼びかけで、兵役を逃れようとする者が多数王薄のもとに帰属したという。中国史上の反乱は、しばしば山東地方▲を中心とする傾向を示すが、隋末の乱は山東から起こる必然性があった。その原因の一つは、ここに歌われる数次にわたっておこなわれた高句麗遠征▲であり、もう一つは隋代に完成した大運河《だいうんが》▲の開鑿工事である。この二つの重労働は、地理的関係から多くは山東の民に課されたのであり、これによって山東は疲弊し、政府にたいする不満が蓄積していたのである。

王薄の呼びかけから二年後、煬帝の第二回高句麗遠征の軍糧輸送を担当していた楊玄感《ようげんかん》▲という司令官が、自ら洛陽方面で朝廷に反旗を翻した。楊玄感自身はまもなく倒れたが、これを機に反乱は各地に広がった。それでも煬帝は第三回高句麗遠征をおこなったがまったく成果はなく、さらに第四回遠征を計画し

▼**煬帝**（在位六〇四～六一八）　隋第二代皇帝。文帝楊堅の第二子。遣隋使小野妹子（おののいもこ）が「日出づる処の天子」の国書を献じた皇帝。

▼**王薄**（生没年不明）　鄒兵（〈すうへい〉山東省済南の東北）の民というが、詳細は不明。山東省西部を荒らし、隋末の乱の先駆けとなった。

▼**山東地方**　この時代の「山東」は現在の山東省より広い地域を指す。洛陽より東方の、黄河下流域の扇状に広がる平野地域一帯。

▼**高句麗遠征**　隋・唐初期に数度おこなわれたが、とくに煬帝の遠征は規模が大きく、これが隋滅亡の一因となった。

たものの、そのころには反乱はもはや手のつけられない状態になってしまった。身の危険を感じた煬帝は、自らが開通させた通済渠《つうさいきょ》を利用して江都《こうと》（揚州《ようしゅう》）に避難した。史書によれば、江都での煬帝はまともな精神状態ではなかったようである。宮中にかざりたてた室を百以上もつくり、一室ごとに美人を配し、彼女らを従えて酒杯を口から離すことがなかった。そうかと思うと、短衣をまとって杖をつき、夜間に宮殿から宮殿へと彷徨し、宮中として不足がないかどうか危惧してまわった。またあるときは、鏡に顔を映して「この首はだれが斬るのであろうか」と弱音をはいた。江都まで煬帝に付き従ってきた徴役夫たちは多くは長安方面の民で、食糧が乏しくなると望郷の念にかられ、つぎつぎと逃亡してしまい、それを阻止できなかったという。

六一八年三月のある朝、宇文化及《うぶんかきゅう》▲を中心とする近衛兵の一団が宮殿に踏み込み、煬帝に死を迫った。煬帝の「反逆の首謀者はだれか」という問いにたいし、反逆兵は「天下の者はみな陛下を恨んでいる。どうして一人にとどまろうか」と答えたという。覚悟を決めた煬帝は「天子の死にはおのずから法というものがある。毒酒を用意いたせ」と命じたが、反逆兵はそれを許さず、煬帝の襟巻

▼**大運河**　隋の文帝より開鑿が始まり、煬帝時代に六〇五年通済渠、六〇八年永済渠（えいさいきょ）が開通。南北経済を結ぶ大動脈となった。

▼**楊玄感**（?～六一三）　隋の大官楊素（ようそ）の子。文学を愛好した。高句麗遠征に疑問をいだき、軍糧輸送を遅らせ、困窮民のために挙兵。隋末の内乱はこれを機に拡大した。

▼**宇文化及**（?～六一九）　近衛兵の将軍として煬帝とともに揚州に赴いたが、北帰を願う兵に押されて反逆。結局は竇建徳（〈とうけんとく〉一七頁参照）に斬られた。

きで帝を絞殺してしまった。隋末の乱は、当初は暴徒による官署や米蔵・絹蔵あるいは富豪の邸宅への襲撃としてあらわれたが、やがてたんなる暴徒は徐々に淘汰され、各地はしだいに有力者を中心にまとまりはじめ、地域ごとに秩序だってきた。煬帝崩御の報が伝わると、各地の群雄はそれぞれに国号を定めて皇帝を称し、たがいに天下統一をめざしはじめた。一五頁の地図は、隋末の乱のおもだった群雄の割拠を示したものである。各地の群雄をみると、長安を中心とする関中方面には隋の官僚や軍人が立った例が多いのにたいし、華北の東部や江南では土豪層が多いことがわかる。すなわち、旧北斉領や旧南朝領では隋への抵抗勢力が強かったことが知られよう。

唐を建てた李淵も、もちろん当初はそうした群雄の一人にすぎなかった。隋末に太原《たいげん》を押さえていた李淵は、煬帝が江都に移ると、空になった首都長安(大興城《たいこうじょう》)にいちはやく乗り込んだ。長安を占拠した李淵は、煬帝の孫で当時十三歳であった代王楊侑《ようゆう》を隋第三代皇帝(恭帝《きょうてい》)に擁立し、翌年(六一八年)にこの皇帝から禅譲▲を受けるかたちで即位した。これは、長安には隋の官人が多く、宮廷の体制も残されているので、禅譲の形式をとったほうが彼らの反感を買わ

▼**禅譲**　中国では、天下は天の子(天子)がおさめると考える。天下が乱れるのは現皇帝には天命がくだっていないためで、そこで真の天子を求める。この両者の帝位継承を禅譲という。新天子は何度も辞退し、やむをえず受けるというかたちをとる。

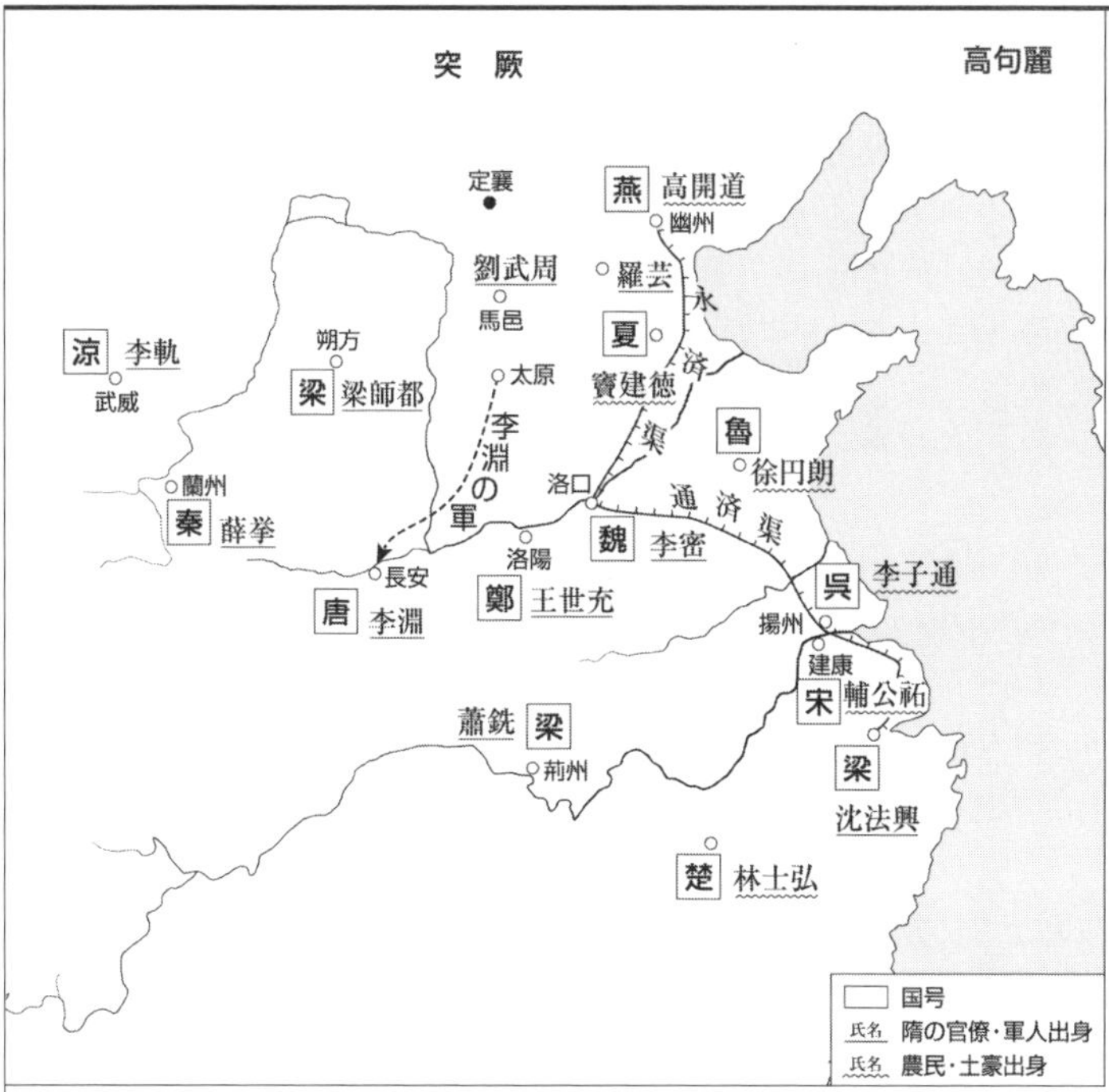

隋末唐初の群雄割拠図

定襄　煬帝の孫の一人楊正道が身を寄せた突厥によって、一時隋の亡命政権が建てられた(二二頁参照)。

揚州付近の運河　煬帝は、隋末の混乱期に通済渠を通って揚州に避難し、この地で暗殺された。

ず、新政権を無難に発進させられるからである。隋の首都をそのまま受け継いだことは、官僚の体制や戸籍などを一からつくりなおす必要がないために政権が安定し、また各地の情報がはいりやすく、唐が隋末の群雄割拠を勝ちぬくのにおおいに役立ったのである。余談ではあるが、洛陽に拠った王世充《おうせいじゅう》▲も煬帝の孫の越王楊侗《ようとう》を隋第三代皇帝に擁立し、やはり禅譲によって即位した。李淵とまったく同様なのであるが、ただし史書は、王世充は皇帝楊侗より位を簒奪《さんだつ》し、その後楊侗を「殺した」と書いている。一方、長安については、皇帝楊侑が李淵に位を譲り、その後「崩じた」と記される。勝てば官軍なのである。もし、隋末の群雄割拠を李淵ではなく王世充が勝ちぬいたならば、今ごろわれわれは「隋唐時代」「遣唐使」とはいわずに「隋鄭《てい》時代」「遣鄭使」といっているはずである。

さて、長安に拠ったばかりの李淵にとって、まず脅威だったのは西方の薛《せつ》挙《きょ》▲であった。彼も長安をうかがっていたからである。薛挙とその子薛仁杲《せつじんこう》の圧力を、李淵の第二子李世民《りせいみん》(のちの唐第二代太宗《たいそう》〈二三頁参照〉)の奮闘によって破ることに成功した唐は、山西北部の劉武周《りゅうぶしゅう》▲も撃退し、また西方の李軌《りき》▲が配下に

▼**王世充**(?〜六二一)　西域出身。隋末の混乱期に洛陽で自立、即位して国号を「鄭」と称した。

▼**薛挙**(?〜六一八)　隋末に金城(甘粛省蘭州〈らんしゅう〉)で挙兵。自ら「西秦覇王」と号した。

▼**劉武周**(?〜六二〇)　馬邑(〈ばゆう〉山西省朔県)の豪族。困窮民を組織して挙兵。李世民に敗れ、突厥に亡命して死去した。

▼**李軌**(?〜六一九)　涼州(甘粛省武威〈ぶい〉)で挙兵、河西〈かせい〉地方を支配した。国号は涼。配下のソグド兵などによってとらえられ、長安に送られた。

よって倒され、その配下勢力が唐に帰属したため、ここに西方・北方の不安を取り除いてようやく東方進出の足固めをつくった。洛陽の王世充、河北の竇建徳▲の二大群雄を平定したのは、李淵が即位してから四年後の武徳《ぶとく》四(六二一)年であった。その間、江南の群雄は相互につぶし合っていたが、唐が派遣した趙郡王李孝恭《りこうきょう》▲と将軍李靖《りせい》▲の奮闘によって平定され、ほぼ大勢は決した。ふたたび長安政権による統一支配体制を確立した唐であったが、最後まで生き残ったオルドス▲の雄、梁師都《りょうしと》▲を倒したのは、太宗の治世二年目のことであった。

突厥第一可汗国

ユーラシア大陸の北部、具体的にはマンチュリア(現中国東北地方)の北部およびモンゴル高原から西に目を転じて、天山山脈、パミール高原北部、シル・ダリア、アラル海北岸、カスピ海北岸、黒海北岸をほぼ東西に結ぶラインの北方には、広大なステップ(草原)地帯が広がっている。この地域は気候が寒冷なために農耕には適さないが、そのかわりに草が豊富であり、したがって馬・牛・羊などの群れをなす草食動物が多く生息する。そこで、その草食動物の習

▼**竇建徳**(五七三〜六二一)　任侠の士としてしたわれ、隋末に自立すると河北に急速に勢力を拡大した。国号は夏(か)。王世充と同盟して唐軍と戦ったが敗れた。

▼**李孝恭**(五九一〜六四〇)　高祖李淵の従兄弟の子。唐建国後は、とくに四川や長江流域の平定に功績をあげた。

▼**李靖**(五七一〜六四九)　唐の太宗に仕え、数々の軍功をうち立てた。唐初の名将といわれる。

▼**オルドス**　黄河の湾曲部にかこまれた地域。現在では砂丘が多いが、古来遊牧に適した草原地帯であった。

▼**梁師都**(?〜六二八)　夏州朔方(陝西省楡林(ゆりん)南西)の豪族。隋末に自立し、国号を梁(りょう)と称した。突厥と結んで勢力を維持したが、部衆の信頼をえられず、唐軍に敗れた。

性を利用して牧草地を移動する遊牧民が、古来独自の文化圏を形成してきた。

　彼らの特徴は、その生業ゆえに機動力に富み、騎馬戦術にたけていることである。遊牧民は移動するので、農耕民のような地縁集団は形成しにくく、血縁による「氏族」と、先祖を同じくするいくつかの氏族が集まって形成される「部」とによって社会が構成され、部が強いリーダーのもとに連合されて遊牧帝国を構築する。今、モンゴリアに勃興したおもな遊牧帝国をみれば、中国秦漢時代の匈奴、後漢・三国時代の鮮卑《せんぴ》▲、南北朝期の柔然《じゅうぜん》▲（蠕蠕《ぜんぜん》、茹茹《じょじょ》）、隋唐時代の突厥・ウイグル▲、そしてモンゴル帝国などをあげることができる。遊牧民にとって移動は生業の一部であるが、ときには非常に大規模な移動現象をみせることがある。例えば、あのゲルマン民族大移動の契機となったといわれるフン族、九～十世紀のテュルク民族の大移動、そしてユーラシアに広大な諸ハン国を形成したモンゴル族などである。これらはいずれも東方より西方への移動であるが、モンゴリア方面から南の中国への移動もしばしばみられる。五胡の一種族の南匈奴、五胡十六国を統一した鮮卑、契丹《きったん》の遼▲、女真《じょしん》族の金▲、モンゴルの元、女真族の清などが想起されよう。先述の六鎮の乱による北族の南下も、

▼鮮卑　民族系統不明。二世紀半ばにモンゴリアを支配。のち分裂し、一部は中国にはいり五胡となる。拓跋(たくばつ)氏が北魏を建国。

▼柔然　民族系統不明。五～六世紀にモンゴリアを支配し、勢力をふるった。突厥によって滅亡。

▼ウイグル　テュルク系民族。突厥を倒して自立。九世紀半ば、キルギスの侵攻によって滅亡。

▼遼(九一六～一一二五年)　モンゴル系契丹族の国。渤海(ぼっかい)を滅ぼし、モンゴリア・中国東北地方・華北の一部を支配。金によって滅亡。

▼金(一一一五～一二三四年)　ツングース系女真族の国。北宋を滅ぼし、華北を支配。モンゴルのオゴタイ・ハーンによって滅ぼされた。

こうした現象の一つと理解できるであろう。

　さて、中国に隋とそれにかわって唐が建国された時期、北方で勢力をふるっていた遊牧国家は突厥であった。漢文史料にあらわれる「突厥」という用語は、テュルク(Türk)の漢字音写であるが、とくに阿史那《あしな》氏▲の出身者を可汗《かがん》とするテュルク民族の遊牧政治体を指す場合が多い。突厥は、もとはアルタイ山脈の南西で柔然に服属して鉄工に従事していた種族といわれるが、徐々に勢力を強めて柔然を破り、五五二年に族長土門《テュメン》が伊利《いり》可汗▲と称して独立した。土門は弟のディザブロスを西方経略に派遣したが、この弟が西面《せいめん》可汗▲として自立し、突厥はモンゴリアの東突厥と天山北方の西突厥とに分裂した。のちに、東突厥は唐によって滅ぼされ、さらに唐の支配下から逃れてふたたび独立を回復するので、前者の東突厥を突厥第一可汗国、唐から独立した後者を突厥第二可汗国と称している。

　突厥が勃興したころは、中国華北では北斉と北周が対立していた時期であった。ということは、当然ながらそれ以前に北魏の北方防衛体制は六鎮の乱によってくずれていたのであるから、徐々に強まる突厥の勢力が華北におよんでく

▼阿史那氏　突厥の王族。はじめ柔然に服属していたが、族長土門(伊利可汗)のときに強大となって独立。

▼伊利可汗(在位五五二〜五五三)　土門の称号。「国もてる可汗」の意味。突厥の初代可汗。

▼西面可汗(在位?〜五七六)　伊利可汗の弟ディザブロス。西方に派遣され、ササン朝と協力してエフタルを滅ぼす。天山北のユルドゥスに自立し、西突厥の初代可汗となる。

トニュクク碑文　突厥第二可汗国の建国に力をつくした武将トニュククの功績を突厥文字で刻している。

るのは必然であった。東突厥の第四代他鉢《たはつ》可汗▲は「南に二人の孝行息子（北斉と北周）がいれば、わが国に物資不足の憂いはない」と豪語したという。対立する北斉・北周の一国が突厥と手を結べば、残る一国は相手国と突厥とによって挟み撃ちにされるので、たがいにせっせと突厥に貢物を送ったのである。しかし、中国が隋によって統一され、しかも東突厥に可汗位継承争いが起こると、突厥と中国の形勢は逆転した。そのころ突厥の王位にあった啓民《けいみん》可汗▲は、本拠地を南に移し、隋室の義城公主《ぎじょうこうしゅ》▲を娶《めと》り、隋の保護をあおいで自己の地位を維持しなければならないほどであった。ところが、その隋が隋末の乱で崩壊し、中国が群雄割拠の状態になると、ふたたび突厥と中国の関係は逆転した。群雄のうち、薛挙・竇建徳・王世充・劉武周・梁師都・李軌・高開道《こうかいどう》といった華北のリーダーたちは、皇帝を名乗ってはいるものの、北面しては突厥にたいして「臣」と称し、突厥から可汗の号を受けていた。この可汗は、突厥の大可汗に従属する地方の小可汗の意味である。彼らから突厥の大可汗に向けて派遣される使者が、たがいに道で出会ったほどであったという。唐を建てた李淵も、太原で挙兵するさいに突厥の援軍をあおいでいる。これは、突厥と手を結んでお

▼他鉢可汗（在位?～五八一）　伊利可汗の子、東突厥第四代可汗。王族を各地に派遣し、支配力を強めた。

▼啓民可汗（在位?～六〇九）　突厥の内部分裂によって隋にくだり、内モンゴルに遊牧地を与えられた。

▼義城公主（?～六二〇）　隋室の女性であるが、系図は不明。隋・突厥同盟のため啓民可汗に嫁いだ。第一可汗国末期に絶大な権力を握った。

突厥第一可汗国末期の可汗系譜
レヴィレート婚（嫂婚制＝継母を息子が、嫂〈あによめ〉を弟が娶るしきたり）によって、義城公主はこの四代の可汗の妻となり、権力をふるった。

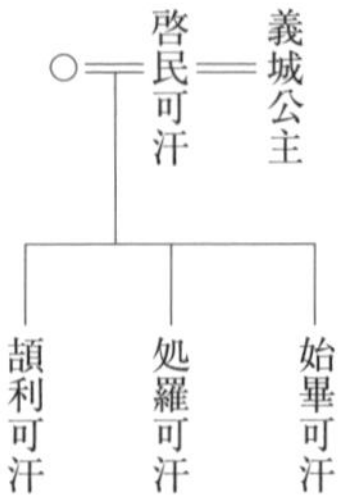

●隋室系図

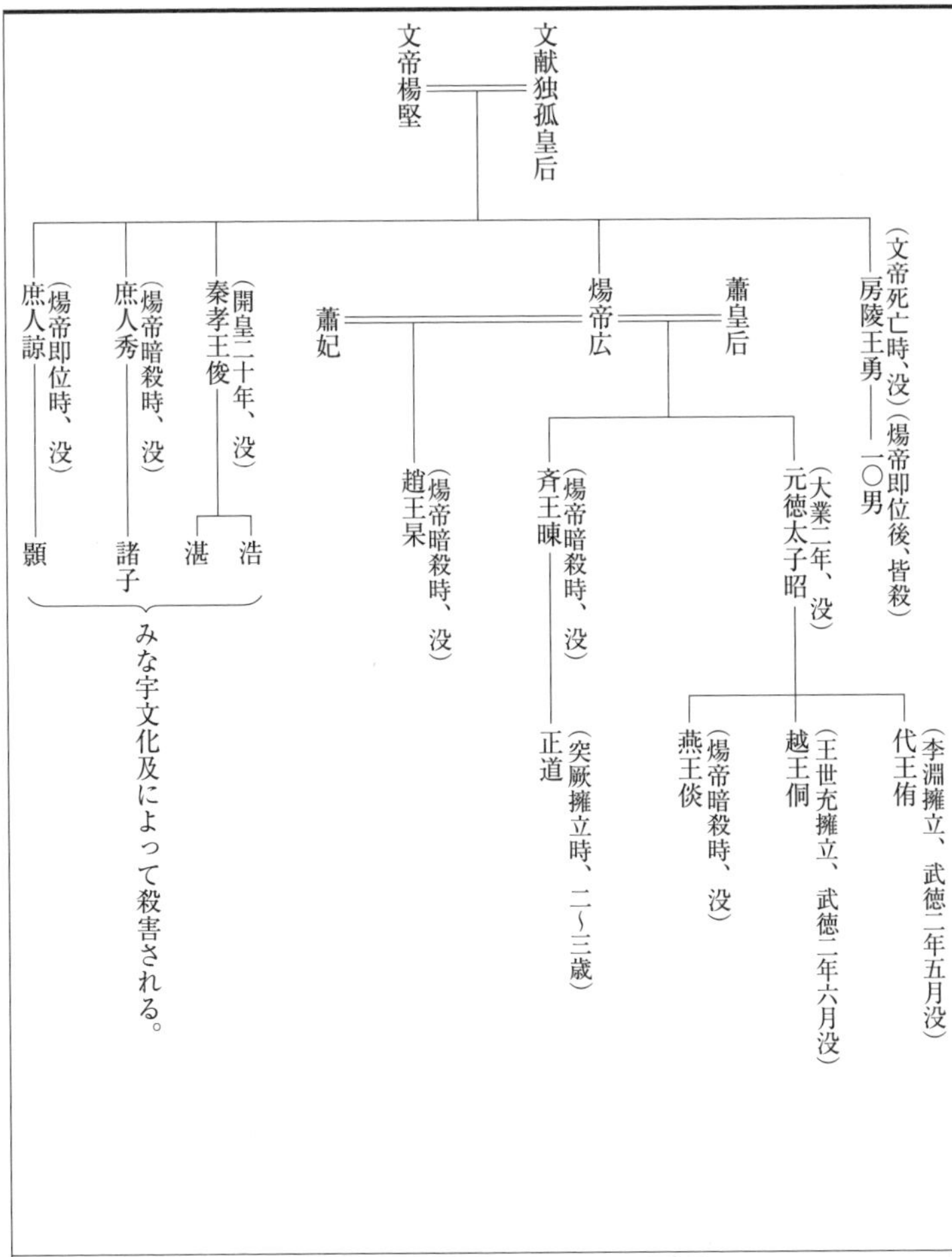

●アジアの気候風土

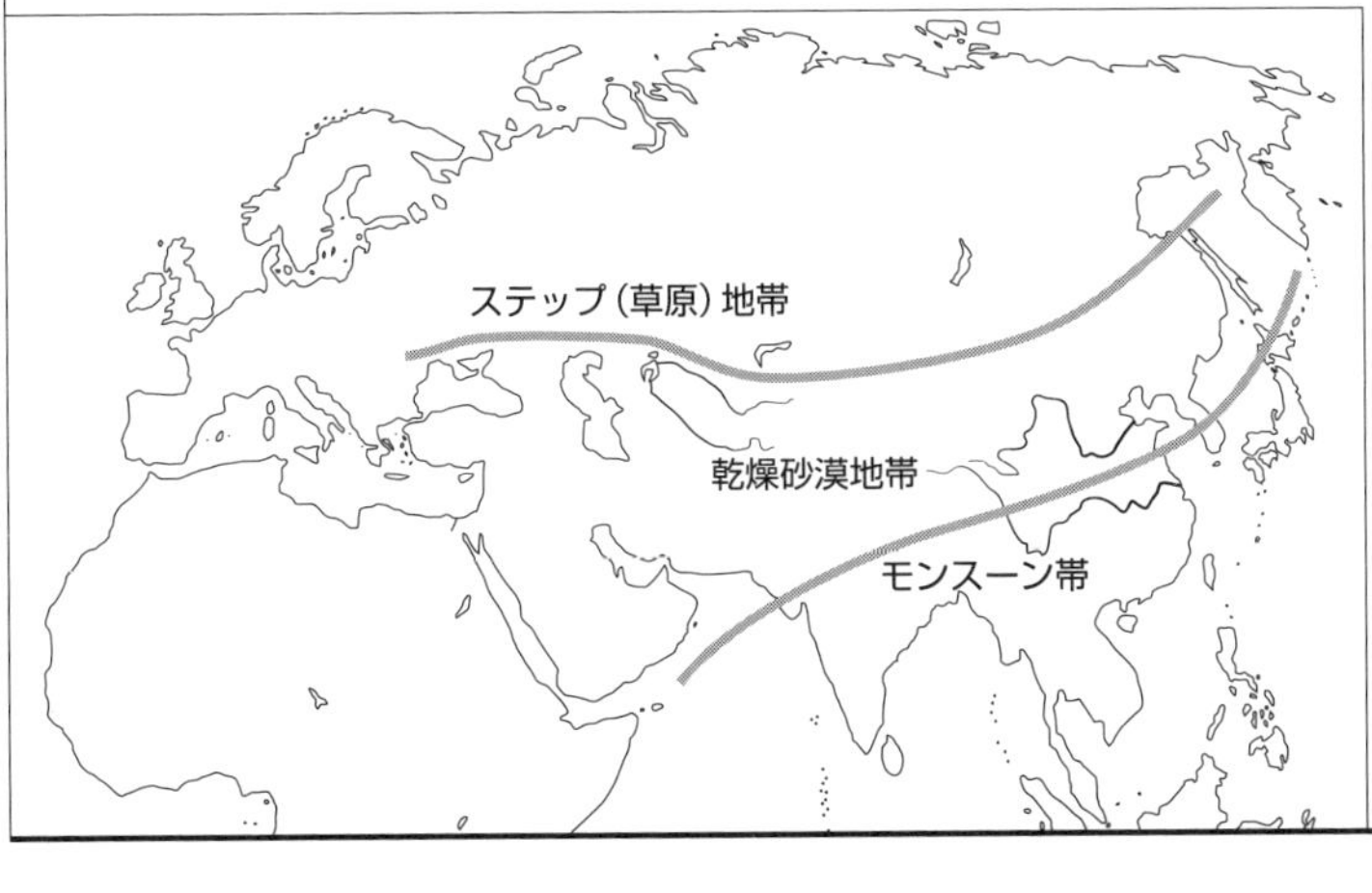

かなければ、長安に向けての行軍中に背後を衝《つ》かれるからである。

二一頁の「隋室系図」をご覧いただきたい。この王室は血塗られた運命をたどり、とくに第二代帝位をめぐって煬帝の即位前後と、その煬帝が揚州で殺害されたときに、多くの者が命を落としている。生き残った煬帝の孫のうち、先述のとおり楊侑は長安で李淵によって、また楊侗は洛陽で王世充によって、第三代皇帝に擁立されたが、ともに禅譲後に死去した。ただし、生まれたばかりの楊正道《ようせいどう》▲と、煬帝の蕭《しょう》皇后▲は生き残った。この二人は、煬帝を殺害した宇文化及(一三頁参照)によって連行され、その宇文化及が竇建徳に倒されると竇建徳によって保護されていたが、やがて突厥の処羅《しょら》可汗▲のもとに身を寄せた。楊正道をむかえいれた突厥は、彼を隋王に立て、中国からの亡命者全員を定襄《ていじょう》▲に集め、隋の亡命政権を建てた。やがて群雄をつぎつぎに倒して中国にほぼ覇権を確立した唐と突厥とは、こうして全面対決へと向かうのである。隋末の乱と唐の成立とを、中国内部の問題としてのみで理解しようとすると、正しい姿がとらえられないことがわかるであろう。

▼**楊正道**(六一八?〜?)　煬帝と蕭皇后の孫。二〜三歳で突厥に亡命した。第一可汗国滅亡後、蕭皇后とともに長安にもどったが、以後詳細は不明。

▼**蕭皇后**(?〜六四七)　南朝梁の皇室の血統。舅家に預けられ苦労して育ったが、占いによって隋の晋王楊広(のちの煬帝)に嫁いだ。夫が即位し、トップレディーとなった。

▼**処羅可汗**(在位六一九〜六二〇?)　啓民可汗の第二子。隋末に中国が分裂したので、相対的に突厥の勢力を強めた。在位短期間で急死し、毒殺の噂が流れた。

▼**定襄**　現在の内蒙古自治区ホリンゲル南方。唐代には単于(ぜんう)都護府がおかれ、つねに北方と華北との要衝で、抗争の場となった。

唐の覇権確立の意味

唐・高祖李淵の治世九年目の武徳九（六二六）年六月四日早朝、長安城宮城《きゅうじょう》の北門で、高祖の次男李世民が兄の皇太子李建成《りけんせい》と弟の李元吉《りげんきつ》を殺害し、実権を握る事件が起きた。これを「玄武門《げんぶもん》の変▲」といい、李世民は二カ月後に即位した。唐の太宗▲である。

史料では玄武門の変は、群雄討伐にもっとも功績のあった世民が、兄弟に妬まれ、身の危険を避けるために逆襲したとして世民側の立場から書かれているが、その背景についてはこれまで諸説が提示されている。その一つに、緊迫した当時の突厥との関係があったことはいなめないであろう。突厥は唐にたいする攻勢を年々強めており、唐では遷都論議がでるほどであった。それにたいして、世民は強硬路線を主張しつづけていた。結局、玄武門の変は、唐朝廷内を一枚岩にまとめる結果をもたらした。その四年後の貞観《じょうがん》四（六三〇）年、モンゴリアは大冷害におそわれ、突厥の家畜が大被害をこうむったのをチャンスとみて唐は総攻撃をしかけ、こうして突厥第一可汗国は滅び、東アジアにおける唐の覇権が確立したのである。

▼**玄武門の変**　この事件については、以下のような説が提示されている。⑴あくまでも政権内の権力闘争とみる説、⑵背景に世族地主と新興地主の対立があったとする説、⑶背景に仏教・道教教団の対立があったとする説、⑷現実には高祖政権と李世民の対立とみる説、⑸勝者太宗によっていかに史料が捏造されたかを説くもの、などである。

▼**唐の太宗**（在位六二六～六四九）　隋末の乱を平定し、東突厥を滅ぼし、唐の礎をつくった。名君と称され、その治世は「貞観の治」といわれる。

突厥の滅亡後、唐は楊正道と蕭皇后ばかりでなく、第一可汗国最後の頡利《きつり》可汗さえも手厚く長安にむかえいれたが、義城公主だけはとらえた雲中の地で処刑した。隋末の乱から唐・突厥の全面戦争にいたる局面の背後に、じつは義城公主がいて糸をあやつっていたことを、唐は百も承知しており、彼女だけは生かしておくわけにはいかなかった。当時の政治情勢が、南モンゴリアと華北とで連動していたことをうかがわせるエピソードである。

さて、以上のようにみてくると、唐王朝確立にいたる過程とは、⑴六鎮の乱と東・西魏並立によって華北の北方防衛体制が崩壊し、⑵それが突厥の圧力南下につながり、⑶隋の中国統一によって一時は形勢が逆転したものの、⑷隋末の乱でふたたび突厥が優位に立ち、⑸やがて突厥と唐との全面戦争になって唐が勝利したという歴史である。つまり唐の統一とは、中国の統一というよりはむしろモンゴリア南部と華北で形成される地帯の統一なのであり、その力が長江流域にもおよんだとみるべきなのである。この点を見誤ると、正しい唐代史は描けないであろう。もし、秦漢以来の血統を引く漢族の勢力のみによって建国されたのであれば、唐代はあれほど国際的な時代にはならなかったのではなかろうか。

②―内陸アジアの遊牧民と隊商民

玄奘の旅行記より

本章では、目を中国からみて西方の中央アジアに転じてみよう。中国史にもっとも大きな影響を与える外部勢力は、まず第一に北方の勢力であり、ついで西方からのエネルギーだからである。当時の中央アジアは、どのような情勢だったのであろうか。それを知る格好の記録が、『西遊記』三蔵法師のモデルとなった玄奘《げんじょう》▲によって残されている。

玄奘は、七世紀前半の唐・太宗《たいそう》の時代にインドへの留学を敢行した。彼の旅行のようすは、旅行記『大唐西域記《だいとうさいいき》』▲と伝記『大慈恩寺三蔵法師伝《だいじおんじさんぞうほうしでん》』▲にかなり詳細に記され、しかも彼は往復ともに陸路をとったので、この二書は唐初期の中央アジアを知るまたとない史料となっている。

さて、玄奘がインド旅行を決心したときの唐は、公用以外の出国は禁止されていたので、彼は昼間寝て夜に歩き、河西《かせい》地方を西へと進み、瓜州《かしゅう》(甘粛省安西)からハミ(哈密)に向かい、なんとか高昌国《こうしょうこく》▲(現在のトゥルファン)にたどりつ

▼**玄奘**(六〇二～六六四)　六二九年ころ国禁を犯してインドに赴き、ハルシャ・ヴァルダナ王に厚遇され、ナーランダ僧院で学んだ。帰国後、仏典の漢訳に努め、法相宗を開いた。

▼**『大唐西域記』**　一二巻。玄奘のインド旅行記。六四六年、弟子の辯機(べんき)によってまとめられた。

▼**『大慈恩寺三蔵法師伝』**　一〇巻。玄奘の生涯を記した伝記。六八八年、慧立(えりゅう)・彦悰(げんそう)によってまとめられた。

▼**高昌国**　トゥルファンのカラ・ホージョを中心に栄えた漢人王朝。玄奘が立ち寄ったときは、麴(きく)氏高昌国(四九八～六四〇年)の末期。

▼楼蘭　タリム盆地東辺のロプ・ノール湖畔にあったオアシス都市。漢代には天山山脈沿いと崑崙（こんろん）山脈沿いのルートの交差点として繁栄した。写真は楼蘭遺跡。

▼麴文泰（在位六二三〜六四〇）　麴氏高昌国最後の王。西突厥と唐とのあいだにあって唐と対立し、唐軍の攻撃を受け、高昌国は滅亡した。

▼葉護可汗（在位六一七?〜六三〇）　西突厥の可汗。統葉護可汗ともいう。西域諸国の王を支配下にいれ、勢力をふるった。

いた。玄奘が敦煌《とんこう》から西の楼蘭《ろうらん》▲へのルートをとらなかったことは、注意しておきたい。時の高昌国王麴文泰《きくぶんたい》▲は、優秀な青年僧のインド行きを惜しんで、高昌国にとどまるよう強く勧めたが、玄奘の意志が変わらないことを知ると、帰路に再度立ち寄ることを約し、西方二四の国に手紙を送って、玄奘を送り出した。そのさいに高昌国王は、別に西突厥《とっけつ》の葉護可汗《ようごかがん》▲に、絹織物五〇〇疋《ひき》と馬車二台分の果物とともに手紙を送り、つぎのように依頼した。

玄奘法師は私の弟といってもいい人で、求法のために婆羅門《ばらもん》国に行こうとしています。願わくは可汗は、西方諸国に命令をくだし、鄔落馬《うらくば》（トルコ語 ulaq の音写、公用の早馬）を供給して玄奘を送り出してくださいますように。（『大慈恩寺三蔵法師伝』巻一）

これによって、当時中央アジアの交通は西突厥によって支配されていたことがうかがえよう。高昌国王は、葉護可汗の保護をえなければ玄奘のインド行きは無理だと判断したのである。

トゥルファンを出立した玄奘は、高昌国王が手紙を送った国々をたどり、阿《あ》耆尼《きに》（焉耆《えんき》、カラシャール）・屈支《くっし》（亀茲《きじ》、クチャ）・跋禄迦《ばつろくか》（姑墨《こぼく》、アクス）に立ち

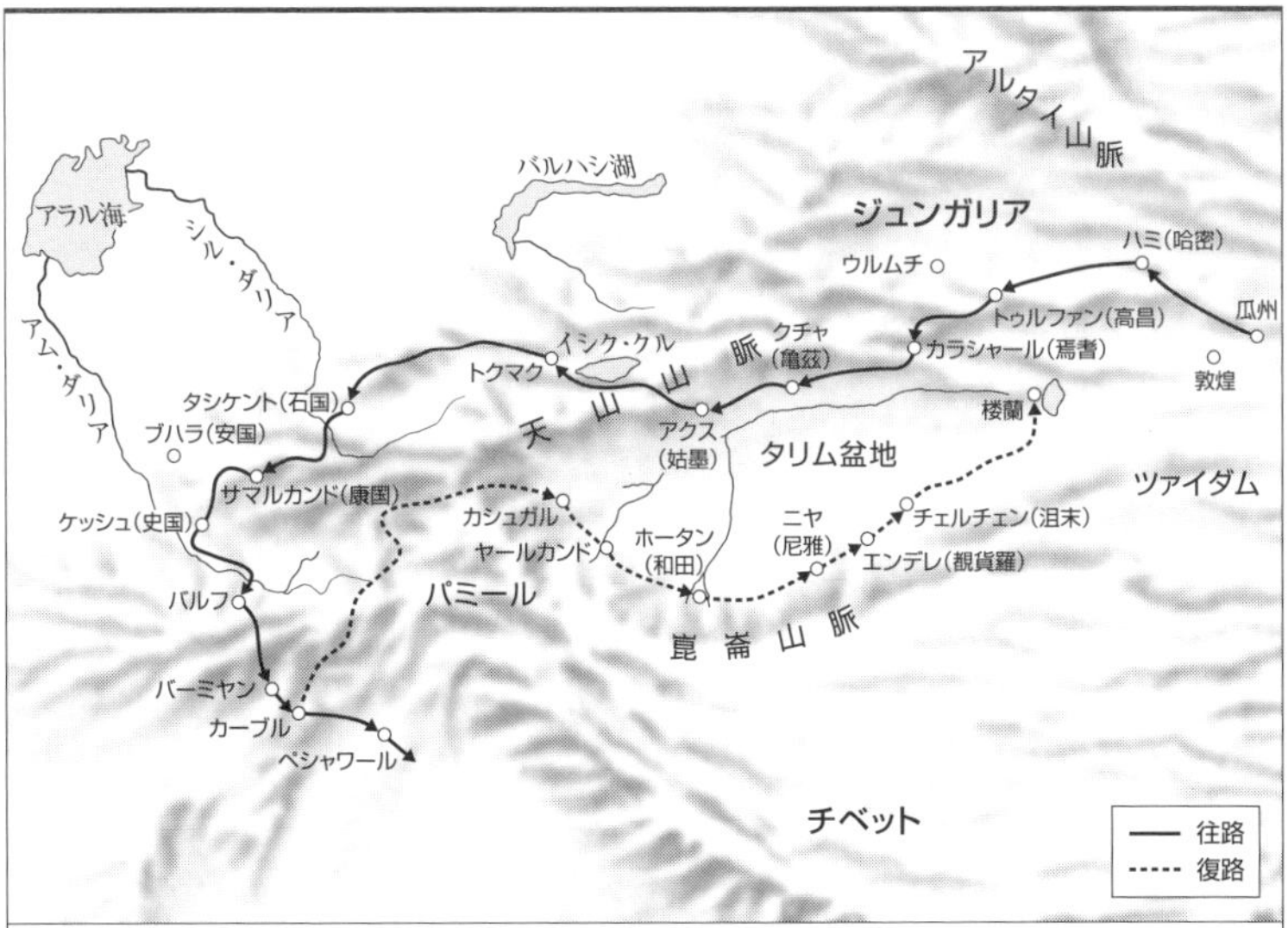

●―玄奘の中央アジア旅程図

●―ブハラ北面のバラクシャ(ワラフシャ)遺跡　五〜八世紀のソグド風要塞・住居址遺跡。アフラシアブ・ペンジケントと同様の意匠の壁画が発見された。

●―ペンジケント遺跡の住宅壁画　五〜八世紀のソグド人都市遺跡。サマルカンド南東にある。

寄ってから天山をこえ、イシク・クルのほとりをめぐって素葉城《そようじょう》(スイアーブ▲)に到着し、ここで西突厥の葉護可汗に面会した。可汗は、金銀でまばゆいばかりにかざられた大きなテントにおり、二百余人の配下を従えて玄奘を出迎えたという。スイアーブの町を、玄奘は「諸国の商人が雑居している」と述べ、またこの町から羯霜那《けっそうな》(ケッシュ▲)までの地域は「窣利《そつり》」(ソグディアナ、ソグド人の地)と呼ばれていると述べている(『大唐西域記』巻一)。玄奘は、そのソグディアナをタシケント▲、サマルカンド▲、ケッシュとたどり、現在のアフガニスタン、パキスタンをへてインドにはいった。

ソグドの国々

玄奘が述べたソグド人とはイラン系民族で、故郷のペルシアではなく中央アジアに居住するペルシア人をいう。彼らについては、つぎのようなエピソードが伝わっている。

康《こう》国(サマルカンド)の人は、土着民であるが、突厥の支配下にはいっている。人びとは、目が深く鼻が高く、髭が多い。子どもが生まれると、かな

▼スイアーブ　現在のキルギスタンのトクマク付近。天山北方の商業路の要衝で、西突厥の末期には王庭がおかれていた。

▼ケッシュ　ウズベキスタン南部のオアシス国家。唐では史国と表記する。玄奘の「羯霜那」はサンスクリット名カサンナの音写。

▼タシケント　現ウズベキスタンの首都。唐では石(せき)国と表記。ペルシア語ではシャーシといい、玄奘は「赭時」と音写している。

▼サマルカンド　ウズベキスタン中部のオアシス国家でソグド文化の中心。唐では康国と表記。玄奘は「颯秣建」(さつまつけん)と音写。十三世紀にモンゴル軍によって破壊され荒廃したが、ティムール朝が興ると首都としてふたたび繁栄した。

サマルカンド市の中心レギスタン広場　モンゴル侵攻以前のサマルカンドは現在の町の北東、アフラシアブの丘にあった。

らず口に蜜をなめさせ、手にニカワを握らせる。その子が成長して、口からは甘い言葉をはき、手には銭がつくように願うのである。その習俗は商売にたけ、わずかの利益を争う。男子が二十歳になれば他国に行商に送り、中国にもやってくる。利があれば、いたらないところはない。（『唐会要《とうかいよう》』巻九九）

ソグド人が根っからの商業民族であることを、如実に語っていよう。玄奘自身は、現地で見聞したソグドの国々をつぎのように伝えている。

スイアーブより西には数十の町がある。これらの町はそれぞれに君長を立てて独立してはいるが、みな突厥の支配下にはいっている。赭時《しゃじ》国（シャーシ、現タシケント）は、数十の町から成り立っており、それぞれの町に君長がいる。すべての町をまとめる王はなく、突厥の支配下にはいっている。（『大唐西域記』巻一）

ソグディアナ諸国が西突厥の支配下にあったことが、よくわかるであろう。これは、ソグド人がキャラヴァン隊を組んで他国に行商に行くと、盗賊からみればまさに格好の餌食となるので、そこで彼らは保護者を求めるのである。行

▼**ニヤ**　古代には崑崙山脈沿いの東西交通路の要衝として栄え、ギリシア・ローマの神像印や漢文の封泥印が出土している。写真はニヤ遺跡。

商隊を保護できるほどの力をもつ者となれば、遊牧民の権力ほどそれに適したものはない。遊牧民は遊牧民で、彼らの経済は家畜関係以外の財貨の貯蓄は生み出さないので、その不足分を交易(場合によっては略奪)によって補う。したがって、隊商民の交易ルートをおさえ、保護の代償や通行税を課せばそれがみこめるのであり、ましてや商業者のほうから率先して集まってくれればそれにこしたことはないのである。つまり、遊牧民と隊商民はもちつもたれつの関係にあったのであり、玄奘がスイアーブを「諸国の商人が雑居する町」と述べたこともうなずけよう。高昌国王は、この事情を知っていたので、葉護可汗の保護をあおいだのである。

今度は目を、玄奘の帰り道に移してみよう。十数年にわたるインド各地での求法を終えて帰路についた玄奘は、途中で高昌国王の死を聞き、あえて往路とは別のルートをたどることにした。彼はパミールをこえ、タリム盆地にでると、崑崙山脈北麓を東に進んだ。以下は、タリム盆地東南地域の状況を述べた部分である。

尼攘城《にじょう》(ニヤ)▲より東行すると、大砂漠にはいる。人跡はなく、道に迷う者が多い。四方の方角がわからないので、往来する者は動物の骨を集めて道しるべとしている。時として歌声や泣き声を聞く。ぼんやり聞いていて方角がわからなくなり、しばしば死亡する者がいる。

行くこと四百余里で、覩貨羅《とから》（エンデレ）故国にいたる。国は久しく空っぽで、町は荒れはてている。

ここから東行すること六百余里で、折摩馱那《せつまだな》故国にいたる。昔の沮末《しょまつ》（チエルチェン）の地である。城壁は立派に残っているが、人煙はすでにとだえている。

さらに東北に行くこと千余里で、納縛波《のうばくば》故国にいたる。すなわち昔の楼蘭の地である。（『大唐西域記』巻一二）

これによって、七世紀のタリム盆地東南地域は乾燥化が進み、崑崙山脈北麓ルートの東半部はほとんど機能していなかったことが知られる。唐代の中央アジア交通は天山山麓のルートが主流であって、だからこそ玄奘は往路にそちらに向かったのであった。そしてその交通路は、おもにソグド人が東西交易に利用しており、その商業権を押さえていたのは西突厥だったのである。

ソグディアナ地図

▼**ブハラ**　ウズベキスタンのオアシス国家。唐では安国と表記。サマルカンドと並ぶ大都市で、十世紀にはサーマーン朝の首都がおかれた。

中国のソグド人

　ソグド人は西突厥ばかりでなく、モンゴリアの東突厥とも通商関係をもっていた。突厥第一可汗国の末期、阿史那思摩《あしなしま》という人物は直系の王族であったにもかかわらず、その地位は冷遇されていた。彼の風貌がソグド人に似ていたため、ソグドとの混血だと疑われたからである。今はそれが事実かどうかは問題ではない。そのような風聞がまことしやかにささやかれたということに、注目したい。ソグド人が突厥の王族と関係をもつということがまったくありえないのであれば、このような噂が飛び交うはずはないからである。事実、六三〇年に第一可汗国が崩壊したあと、モンゴリアはしばらく唐の支配下にはいり、一部の突厥人は南下して華北に移住してきたのであるが、そのなかにソグド人が含まれているのである。

　ところで、史料に登場する人物をみて、どうしてそれがソグド人だとわかるのかというと、それはソグド固有の姓をもっているからである。中国の記録は当然ながら漢字で書かれ、アルファベットは用いない。ソグドの国名も漢字で表記される。例えば、前掲のサマルカンドは康国、タシケントは石国、ブハラ▲

は安《あん》国、ケッシュは史国のごとくである。そして、彼らの姓名を中国風に表記するとき、康国の人ならば康某、タシケントの人ならば石某というように、みな出身と同じ国名を姓とする。とすれば、有名な人物に思いあたるであろう。安史《あんし》の乱を起こした首謀者の安禄山《あんろくざん》▲と史思明《ししめい》▲は、ブハラとケッシュのソグド人の血を引いているのである。

玄奘がインドに向かっていたころ、東突厥第一可汗国は末期をむかえており、西突厥はまだ中央アジアの通商利権を握っていたが、その西突厥もちょうど衰えはじめていた。唐が六四〇年に高昌国を滅ぼし、トゥルファンに西州《せいしゅう》をおいて中央アジアに進出すると、西突厥は太宗期には唐の支配を受けはじめ、つぎの高宗《こうそう》期には唐の保護下に可汗号を維持する状態になってしまった。東西の突厥は、ほぼ同じころに統治力を失ったのである。それと同時に、それまで突厥が支配していたソグドの通商利権も唐の支配下に組み込まれ、ソグド人は唐の統治に依存するようになり、商人の一部は長安にまでやってきた。

博物館などで中国文明展が開催され、時代を追って出土文物が展示されている場合、北朝末期から隋唐時代のコーナーにはかならずといってよいほど「胡《こ》

▼**安禄山**（七〇五〜七五七）　父はブハラのソグド人、母は突厥人といわれる。国境貿易の監督官から節度使（〈せつどし〉七三頁参照）に昇り、楊貴妃（ようきひ）の一族楊国忠（ようこくちゅう）と対立して挙兵した。七五六年、即位して国号を大燕（だいえん）としたが、子の安慶緒（あんけいしょ）に殺された。

▼**史思明**（?〜七六一）　ケッシュのソグド系出身、安禄山の部下。安慶緒を殺して大燕皇帝を継いだが、子の史朝義（しちょうぎ）に殺された。

▼**胡人俑**　胡人は原意は「外国人」であるが、唐代にはソグド人を指すことが多い。俑は陶器の人形。深目高鼻で髭をたくわえ、ソグド人の風貌をよくあらわしている。

人俑《じんよう》」▲が出品される。これは中国の大きな博物館の常設展示でも同様であり、そして胡人俑は宋代以降の展示品では姿を消す。あの隋唐時代に特徴的な胡人俑の、目が深く鼻が高くて髭面の風貌は、ペルシア系ソグド人をあらわしたものである。また、芥川龍之介の小説『杜子春』の種本である唐代伝奇小説『杜子春伝』では、話の冒頭で、落ちぶれた杜子春に金を恵んでやろうとあらわれた老人が、杜子春と約束して、

明日の午時、子(あなた)を西市《せいし》の波斯邸《はし》に候《ま》たん。慎《つつし》みて期に後《おく》るること無かれ。

と述べている。ここにみえる波斯邸の「波斯」はペルシアの音写、「邸」は邸宅ではなく、市にある商人の旅館兼倉庫のことである。ソグド人の施設とみてよい。ソグド人が唐代の中国では決してものめずらしい存在ではなく、むしろ社会に溶け込んでいたことがうかがえるであろう。

法規定からみたテュルク人とソグド人

それならば、外来のソグド人やテュルク系遊牧民は、唐の国内でどのような

あり方をしていたのであろうか。この問題と向き合うには、どうしても、当時の法規定では国家が外来移住民をどのように把握していたかを考えなければならない。

唐の法規定とは、有名な律令である。律は罪と罰を規定したもので、現代法でいえばほぼ刑法にあたる。それにたいして、令は刑罰ではなく、官吏の行政方法を規定したものである。

律では、外国人の犯罪について、「名例律《めいれいりつ》」のなかにつぎのような条文がある。

化外人《けがいじん》の犯罪は、同じ国の者どうしのあいだで起きた場合はその本国の法によって裁け。異なる国の者のあいだで起きた場合は、唐の法律によって裁け。

ここでいう「化外人」とは、中国皇帝の「徳化の外の人」という意味で、疏《そ》議《ぎ》では「蕃夷の国の人で、唐とは別に君長を立てている者をいう」と解釈している。そして、同国人のあいだの犯罪には唐の法律が適用されないのであるから、この規定の対象は外国籍の人間と考えねばならない。例えば、外国使節が

▼**律**　唐の律は『唐律疏議』(とうりつそぎ)（律原文とその注釈）という書物によって、全貌が伝わっている。日本の律はほとんどが失われた。

▼**令**　唐の令は武徳七(六二四)年に制定され、開元七(七一九)年・同二十五(七三七)年に全面改訂されたが、すべて失われ、仁井田陞(にいだのぼる)『唐令拾遺』(とうれいしゅうい)によって一部復原された。近年、浙江省寧波(ニンポー)の天一閣(てんいつかく)で北宋の『天聖令』(てんせいれい)(明代の写本)が発見され、そこに唐・開元二十五年令の一部が記され、貴重な史料として注目されている。日本の令は『令義解』(りょうのぎげ)『令集解』(りょうのしゅうげ)によって養老令の全貌が伝えられている。

『大唐六典』戸部規定の解釈

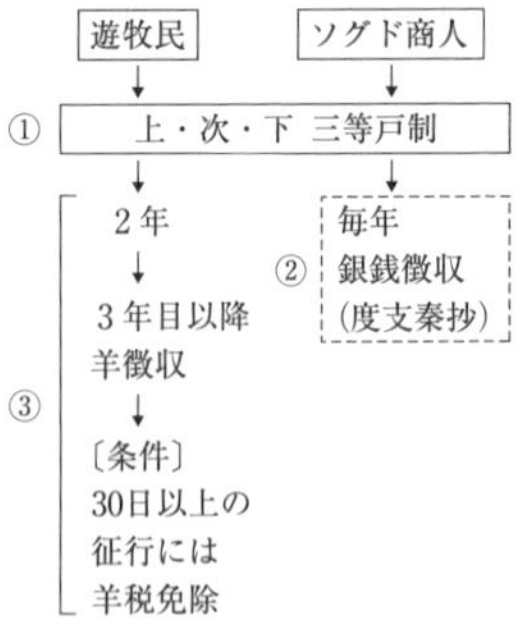

唐滞在中に犯罪にかかわったケースなどである。つまり、唐の国内に移住したテュルク人やソグド人は、この規定にはあてはまらないと考えるべきなのである。

一方、行政法である令には、税の徴収方式を規定した「賦役令《ふやくりょう》」があり、国家の人民把握方法を知るうえで極めて重要な史料である。その賦役令のなかに、つぎのような条文がある（便宜上、番号を付した）。

(1)凡《およ》そ、諸国の外国人で唐領内にはいって戸籍についた者は、その資産によって上戸・次戸・下戸の三ランクに分類する。

(2)上戸の成年男子は銀銭一〇文、次戸の者は五文、下戸は税を免除する。

(3)戸籍につけられて二年を経過した者は、上戸の成年男子は羊二匹、次戸の者は羊一匹、下戸は三戸で羊一匹を徴収する。ただし、軍事遠征があった場合には自分で馬と鞍を用意させ、その従軍期間が三〇日をこえた者はその年の羊税を免除する。（『大唐六典《だいとうりくてん》』巻三、尚書省戸部《しょうしょしょうこぶ》の条）

唐の一般民衆に課す税とは、日本も模倣した租《そ》（穀物）・調《ちょう》（布帛）・力役（またはその代替物の庸《よう》）であるが、ここでは外国人にたいするまったく違う徴税方式が規定されている。しかも、これをそのままつなげて読むと、意味がよくわからないことに気づくであろう。つまり、最初の二年間銀銭で徴税した者にたいして、なぜ三年目以降は羊で徴税するのか、あるいは銀銭に羊がプラスされると考えても、どうして銀銭の税額をあげずに羊をプラスするのか、などの疑問点が残るのである。

そもそも、税を羊で徴収する、あるいは税額に羊を単位とするのであれば、その徴税対象者は日常より羊になじんでいる者でなければならない。ふだん羊を目にしない者にそのような規定をあてはめても意味はなく、国家がそのようなことをするはずもない。これは、銀銭についても同様である。右の規定の場合、(3)の羊を課税される者は自ら馬と鞍を用意して従軍するケースが想定されているのであるから、この対象者としてもっとも候補にあげられるのは牧畜に従事する遊牧民であろう。つまり、中国領に移住して唐の戸籍につけられたテュルク系の牧畜民である。一方、そのような一般牧畜民が銀銭をもっているとは思われず、(2)の銀銭の徴税対象者の第一候補はソグド人とみてよいであろう。彼らは商取引に、ササン朝以来の伝統的な銀銭を用いるからである。

▼**羈縻州**　羈は馬のおもがい、縻は牛馬の手綱。羈縻とは、牛馬をあやつるように異民族をコントロールするという意味。

つまり、右の税規定は異なる二種の対象者を想定していると解釈しなければならない。⑴の資産によるランク分けは両対象者にかかり、⑵のソグド商人は戸籍につけられたその年から税として銀銭が課され、⑶の遊牧民の場合は二年間は税が免除されて三年目から羊が課されるのである。唐の官立牧場の管理規定である「廏牧令《きゅうぼく》」には、外国からはいってきた家畜は最初の二年間は死亡率を高く、また出産率を低く見積もり、新環境に適応する三年目から国内の家畜と同等にあつかうと規定されている。遊牧民の移住者の場合も、同じことが斟酌《しんしゃく》されて、二年の優遇免税期間が用意されたのである。彼らは、唐から居住が許された地域で放牧し、唐はそこに便宜上「羈縻州《きび》」▲と呼ばれる間接統治の州を設置し、その集落の首長は多くの場合将軍などの武官職の地位を与えられて長安で暮しており、一朝事が生じると自分の部族民を率いて唐のために遠征にでるのである。唐はこの騎馬軍団の体制を確立したので、対外的に軍事的優位を保つことができた。一方、銀銭を徴収されるソグド人は、おもに都市で商業活動に従事する者たちであった。

そして、唐がこのような国際的な構造をもつにいたった最大の要因は、これ

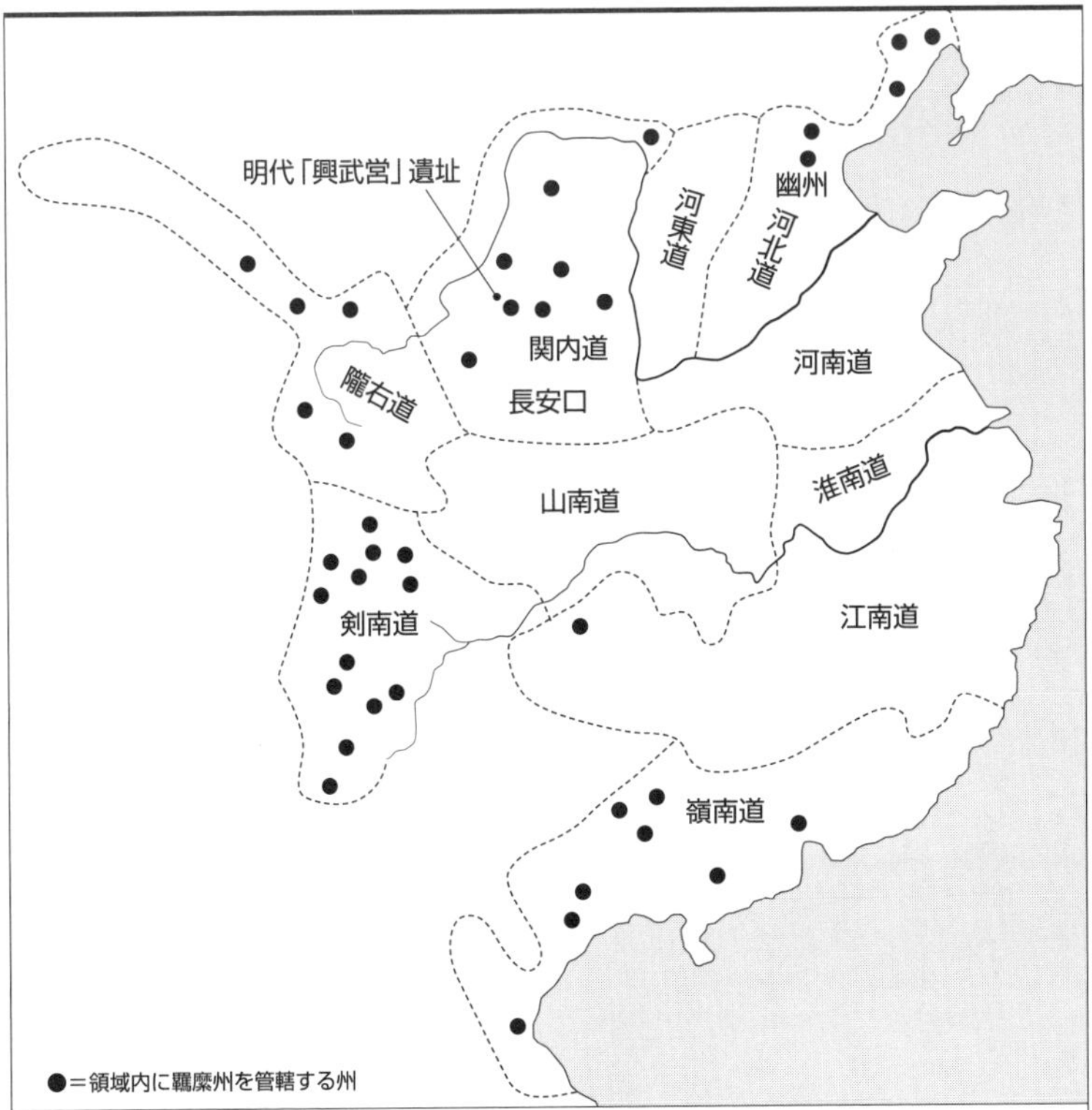

●—唐の羈縻州分布図（『大唐六典』巻三、『旧唐書』地理誌より作成）　これらの周辺に唐代には合計八百数十の羈縻州があった。

●—寧夏回族自治区塩池県の西北に残る明代の軍隊駐屯所「興武営」（こうぶえい）の城壁遺址　唐代に、ソグド系突厥（四五頁参照）にたいしておかれた羈縻州の一つ「魯州」（ろしゅう）のあった場所と考えられている。

までみてきたとおり、東突厥(第一可汗国)の滅亡とそれに継ぐ西突厥の解体であり、これらによって遊牧民だけでなくソグド人をも多数自国領にかかえ込むこととなったのである。

ところが、二十世紀の末より、中国では驚くべき考古学的発見があいついだ。その結果、唐代社会の国際的な性格を説明するのに、いままでのような考え方では不十分であることが明らかになってきた。

新発見のソグド人墓

一九八〇年より、寧夏回族《ねいかかいぞく》自治区の固原《こげん》▲市南方の古墳群が発掘調査され、そのうちの六基から七点の墓誌が出土し(一基からは夫妻それぞれの墓誌が出土)、それらがケッシュ出身のソグド人史氏一族の墓群であることが明らかになった。しかも、婚姻関係がわかる者をみると、彼らの妻はブハラの安氏、サマルカンドの康氏で、ソグド人どうしで結婚しており、保存状態の良好な人骨の調査によって被葬者がコーカソイドの特徴をもっていることも判明した。この一族の中国移住時期は北魏末期まで遡る可能性があり、墓誌七点のうち最古の隋代

長安西方の交通路

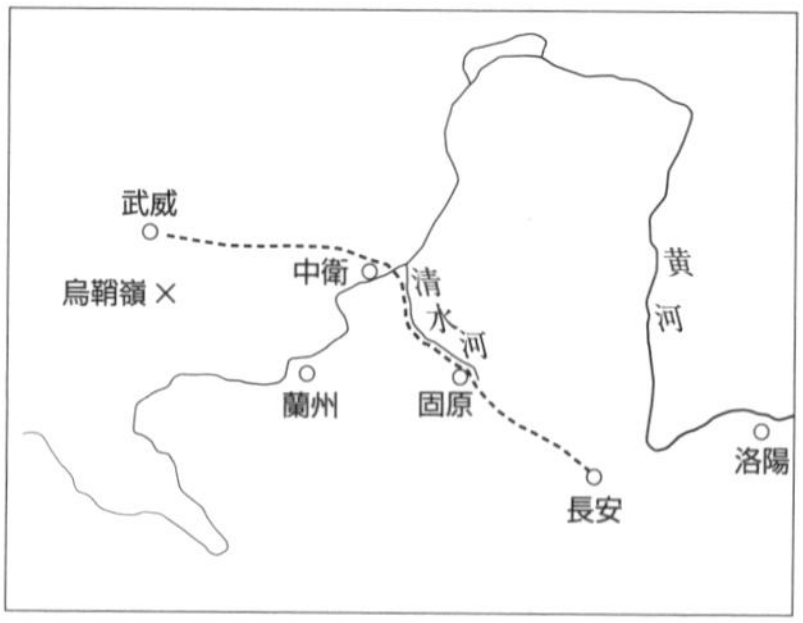

▼固原　寧夏回族自治区の南辺、六盤山(りくばんざん)の東麓にある黄土高原の町。気候が寒冷のため、唐代には馬の牧場がおかれ、史氏一族も牧馬監に就任していた。

「史《し》射勿《しゃぶつ》墓誌」には、この人物が都督《ととく》として郷土兵を率いて対北斉《ほくせい》戦に従軍しているようすが記されていた。この地にソグド人の聚落が形成されていたのである。彼らは河西方面から固原に移住したのであろう。現在、西安(長安)から武威《ぶい》(涼州)へは鉄道や高速道路が通っているので、これが交通の一般的な経路のように思えるが、しかしこのルートをとると蘭州《らんしゅう》—武威間で標高二五〇〇メートル以上の烏鞘嶺《うしょうれい》をこさねばならない。むしろ昔は、武威から東方に向かって現在の中衛《ちゅうえい》付近で黄河をわたり、そこから東南に清水河《せいすいが》渓谷を遡って長安方面に向かうのが一般的であった。このルートをとると、自然と固原にゆきつくのである。

西安の北郊からは二〇〇〇年に「安伽《あんか》墓▲」、〇三年に「史君《しくん》墓▲」、〇四年に「康業《こうぎょう》墓▲」が、また山西省太原《たいげん》市の西南地域で一九九九年に「虞弘《ぐこう》墓▲」が発見され、それぞれからゾロアスター教の意匠がほどこされた石棺とともに墓誌が出土した。このうち、「安伽墓誌」には、安伽は北周《ほくしゅう》期に「同州《どうしゅう》の薩保《さっぽ》」になったと刻され、「虞弘墓誌」には、虞弘は北周末に太原方面の「薩保府」を管轄したと刻されていた。「薩保」は「薩宝《さっぽう》」とも記され、ソグド語のサルト

▼安伽墓　安伽はブハラ出身のソグド人。彼が薩保となった同州は長安の東方におかれた州。ここにもソグド人集落が存在したことがわかる(四三頁参照)。

▼史君墓　史君はケッシュ出身のソグド人。名がわからないので「史君」と呼ぶ。墓誌は石棺の庇(ひさし)の下に扁額のようにかけられ(四三頁参照)、ソグド語と漢文が記されていた。漢文には、墓主が涼州(武威)薩宝であったとある。

▼康業墓　康業はサマルカンド出身のソグド人。墓誌には「天主」になったと刻される。ソグド人信仰のゾロアスター教は中国では「祆教」(けんきょう)というが、「祆」の字は唐代になって使用され、それ以前は祆教聖職者を天主と称したのかもしれない。

▼虞弘墓　出身地不明。石棺の彫刻意匠からソグド人と思われる。柔然(じゅうぜん)より波斯(ペルシア)・吐谷渾(とよくこん)に使者として派遣されたという。

ゥパゥ sartpaw の漢字音写で、原義は「キャラヴァンの隊長」の意である。しかし、この単語が中国語にはいると、ソグド人聚落を統治する首長を意味する官職号となり、唐代に聚落が国家の直接統治（州県制）に組み込まれると、ゾロアスター教の寺院や教徒の管理を職務とする官を意味するようになった。これまで敦煌やトゥルファンで発見された戸籍様式の文書から、唐代にそれらの地にソグド人のコロニーが存在したことは知られていたが、いまやそれ以外の中国内地にも同様のコロニーが存在したことが明らかになってきたのである。

さらには、第一章（一六頁）で述べた隋末の群雄のうち、河西地方に拠った李《り》軌《き》は在地の勢力によるクーデタで倒されたのであるが、そのクーデタを起こしたのは安興貴《あんこうき》▲・安修仁《あんしゅうじん》▲兄弟をリーダーとするソグド人であった。その一人についての「安修仁碑文」が、中国では散逸して日本の天理図書館に所蔵される『文館詞林《ぶんかんしりん》』の写本残巻のなかに伝わっていることもわかってきた。その逸文によれば、安修仁の祖父は武威から東方に進出して雍州《ようしゅう》（長安）の薩宝に就任しており、安修仁自身は武威のソグド人を郷里兵軍団として統率しているのである。ソグド人が地元の郷兵軍府を統轄する例は、前掲の太原出土「虞弘墓誌」

▼**安興貴**（生没年不明）　ブハラ出身のソグド人で、涼州に移住。隋末には長安におり、唐の高祖は李軌を慰撫しようとして安興貴を涼州に派遣した。李軌は従わなかったので、安興貴は諸胡とともにはかってとらえ、長安に送った。

▼**安修仁**（生没年不明）　安興貴の弟。兄とともに李軌政権打倒の策略に荷担した。

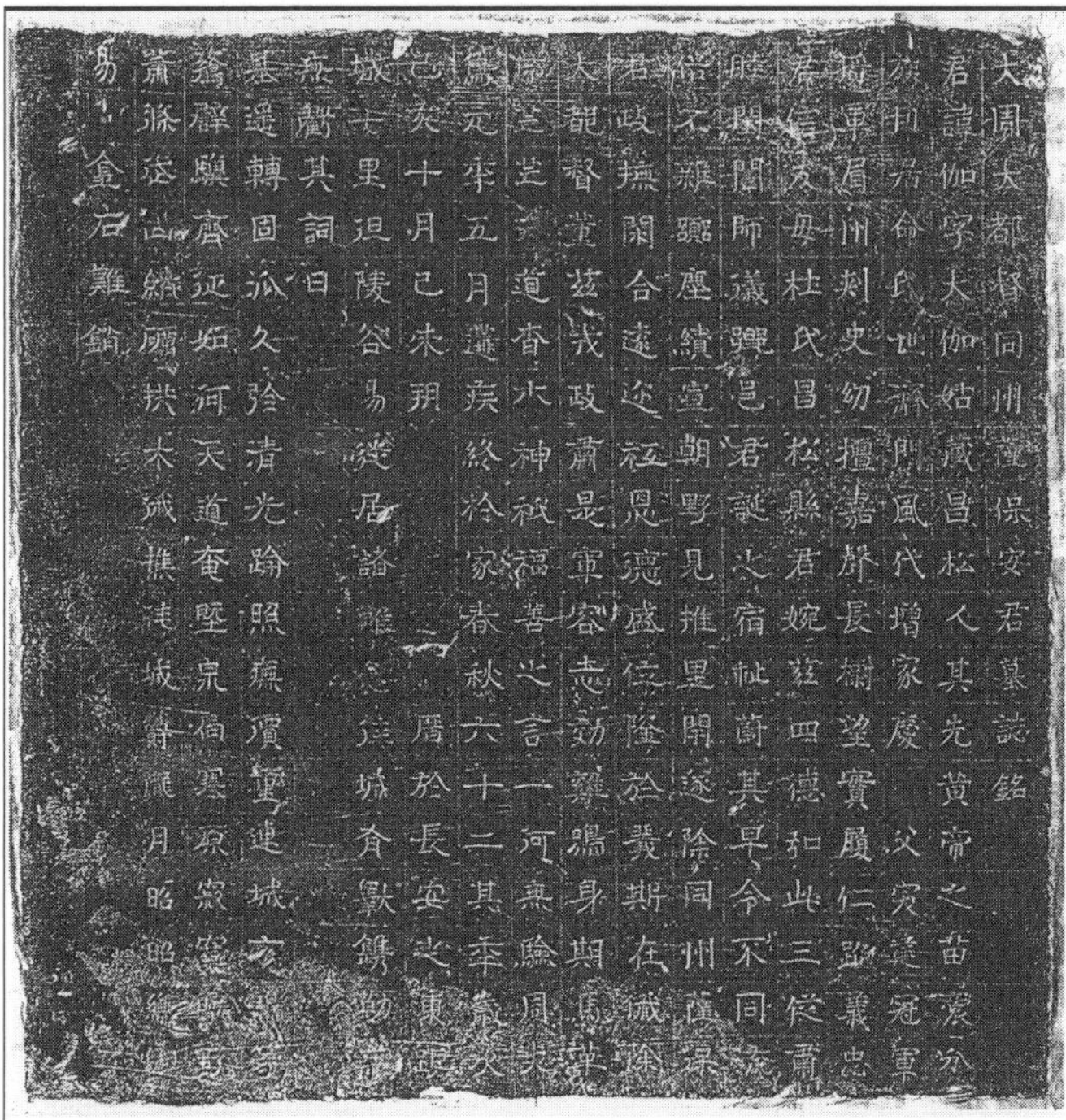
大周大都督同州薩保安君墓誌銘
君諱伽字大伽姑臧昌松人其先黃帝之苗裔分
族因居命氏世濟門風代增家慶父突建冠軍
將軍眉州刺史幼擅嘉聲長標望實履仁蹈義忠
君孝友母杜氏昌松縣君婉茲四德弘此三從肅
睦閨門師儀鄉邑君誕之宿祉蔚其早令不同流
俗不雜囂塵績宣朝野見推里閈遂除同州薩保
君政撫閑合遠近祗恩德盛位隆於義斯在纖豪
大都督董茲戎政肅是軍容志効鷄鳴身期馬革
而芒芒天道杳杳神祇福善之言一何無驗周大
象元年五月遘疾終於家春秋六十二其年歲次
己亥十月己未朔厝於長安之東距
城七里但陵谷易徙居諸難息佳城有歎鎸勒
無虧其詞曰
基遙轉固派久弥清光踰照廡價重連城方
鶱羽翮遽齊延促河天道奄墜泉扃寒原寂寞
蕭條松山隴曠烘木城攢哀城孀月昭昭
勿沈金石難銷

●—「**安伽墓誌**」　第一行の誌題に「同州薩保」とみえる。

●—**史君墓墓室内の石棺の正面**　ソグド文と漢文の墓誌文が庇の下に扁額のようにかけられていた(二つに割れている)。

昭陵遠景

▼昭陵　唐・太宗の陵墓。唐の皇帝陵は自然の山岳を利用して造営され、昭陵は陝西省醴泉(れいせん)県北東の九嵕(きゅうそう)山につくられた。陪葬墓はその南方に分布する。

にも記されている。

　そればかりではない。武威の安興貴の子である安元寿《あんげんじゅ》は、のちに唐・太宗の昭陵《しょうりょう》▲に陪葬され、その墓誌は現在昭陵博物館に所蔵されているが、そこには武徳九(六二六)年の玄武門《げんぶもん》の変のさいに、安元寿自身が太宗側で宮城《きゅうじょう》に兵を駐屯させて西門をかためる役をになっていたと刻されている。また、前掲の固原の史射勿の子である史訶耽《しかたん》は、事変の前に玄武門で近衛騎馬兵の出入管理にあたっており、その後は太宗に仕えて宮廷の通訳官として活躍している。

　これら新発見史料によって、少なくともわれわれはつぎのように考えを改めなければならなくなった。すなわちまず第一に、長安などの都市部にソグドの商人がいたことは確かであろうが、だからといって中国に移住したソグド人がすべて商人であったとはいえないこと、第二には、それらソグド人の中国移住は東・西突厥の滅亡のはるか以前から始まっていたことである。つまり、ソグド人たちは唐建国以前から中国各地に移住して聚落を形成しており、東突厥第一可汗国の滅亡はさらなるテュルク人と突厥領内にいたソグド人の中国移住をまねき、さらには西突厥の解体によって中央アジアのソグド商権が中国とつながったと考えなければならないのである。

このうち、突厥領内から中国に移住したソグド人にかんして、近年では新しい概念が提唱されている。便宜上、「ソグド系突厥」と称する存在形態である。ソグド系突厥とは、日系ブラジル人やスペイン系アメリカ人などという表現と同様に、肉体的にはソグドの特徴をもってはいるが、生活習慣は突厥の文化を身につけている人びとを指す。突厥から中国に移住して聚落を形成したソグド人にはこのソグド系突厥が多く、したがって彼らは牧畜業や騎馬戦術にたけていた。ソグド人は安史の乱にもかかわっており、『薊門《げいもん》紀乱《きらん》』▲という書物には、范陽《はんよう》(北京付近)での戦闘を、つぎのように伝えている。

鼻が高く、胡人に類する人で、むやみに死亡した者がはなはだ多かった。

ここでいう高鼻の胡人は、都市のソグド商人とみるよりは、戦闘に参加したソグド系突厥とみたほうがよさそうである。さらに、ソグド系突厥の一部は、唐末期に山西北部の一大勢力として登場する「沙陀《さだ》族」▲にも合流していることが、明らかになってきたのである。

すなわち、唐代の中国にいたソグド人は、少なくとも、(1)唐建国以前より中

▼**『薊門紀乱』**　安史の乱の経過を記した書と思われるが、散逸した。『資治通鑑』(しじつがん)の注に引用されて、一部が伝わるのみである。下記の文章は『通鑑』巻二二二、上元二(七六一)年三月条に引用される。

▼**沙陀族**　もともとは西突厥の一派とされるが、その後ソグド系などが合流して形成された種族。唐末に李克用(りこくよう)がでて、勢力をふるった。

国に移住して聚落を形成していた者、⑵突厥滅亡後に移住したソグド系突厥、⑶中央アジアからやってきて主として都市部で商業に従事する者、の三種のあり方を認識しなくてはならなくなってきたのである。もちろん、この三種のソグド人は、つねに厳密に区分されるわけではない。時代とともに、例えば⑴から⑶の形態に変質する者もいたはずである。

以上のようにみてくると、秦漢時代以来の漢族社会を五胡諸族が移住することによって変質させ、さらにそれを六鎮《りくちん》の乱による新たな北族の南下がつくりなおし、それに加えてそこにソグド人やテュルク人（さらにはこれらが融合したソグド系突厥）が入り込んで、それらの聚落がまるでモザイク状に分布してできあがった世界、それが唐の基本的なあり方だったのである。

③—長安と外交儀礼

長安という都市

唐の都、長安城には、中国に移住して羈縻《きび》州がおかれたテュルク人集落の族長が武官として仕えたり、史訶耽《しかたん》が通訳をしていたようにソグド人が文武官として勤めたり、ソグド商人が店舗をかまえるなど、城内には多くの非漢人が居住していた。さらに唐の政権が安定し、民族ばかりでなく外来の文化を取り入れて中国文化が洗練されてくると、その最先端の文化を求めて諸外国からはさかんに使節が派遣され、多くの留学生が送り込まれた。外国のなかには、唐と長期安定した関係を維持しようと、王族の者を長安の宮廷に預ける国もあり、それは当時は決してめずらしくなかった。昔も今も「みやこ」は外国人が集まる場所なのである。

さて、唐の長安城はほぼ正方形に近いかたちをしており、その規模は東西約九・七キロ強、南北約八・六キロである。もっとも外側は外郭城《がいかくじょう》（羅城《らじょう》）によってかこまれ、外郭城には東・西・南の城壁のそれぞれ三カ所ずつ合計九カ所

唐代の大明宮敷地の西北に残る「三清殿」（さんせいでん）の基壇の遺址

の門が設けられ、北側は軍事訓練や狩りがおこなわれる場所で「禁苑《きんえん》」と呼ばれ、一般人の立ち入り禁止区域とされていた（北壁西側の門も通行禁止）。城内は、北部の中央に「宮城《きゅうじょう》」（太極宮《たいきょくきゅう》・東宮《とうぐう》・掖庭宮《えきていきゅう》）があり、その南に宮城とほぼ同じ面積で「皇城《こうじょう》」と呼ばれる官庁街が設けられていた。また、長安城の東北には、のちに新しい宮城である「大明宮《だいめいきゅう》」が造営された。宮城・皇城・大明宮もそれぞれ壁でかこまれていた。現在の西安城の城壁（基礎は明代）は、西と南が唐代の皇城の西壁と南壁にかさなり、それぞれが一・五倍ほどの規模である。かつての宮城の北半には現在では鉄道が通り、西安站（駅）の北方がちょうど大明宮の正門にあたる丹鳳門《たんほうもん》につながる位置関係にある。

　唐・長安城の城内は、東西・南北に「街《がい》」と呼ばれる直線道路が通り、この街でかこまれた一般の居住区を「坊《ぼう》」といい、それぞれ名称をもち、長安城内には合計一一〇の坊があった。それぞれの坊も壁でかこまれ、多くの坊は東・西・南・北の壁の中央部に一つずつ、合計四カ所の坊門が設けられていた。坊のなかは、四つの門をつないで十字形に道が通り、この道からさらに路地が分かれて民家に続き、また仏寺や道観《どうかん》、さらに城内の西部にはゾロアスター寺院

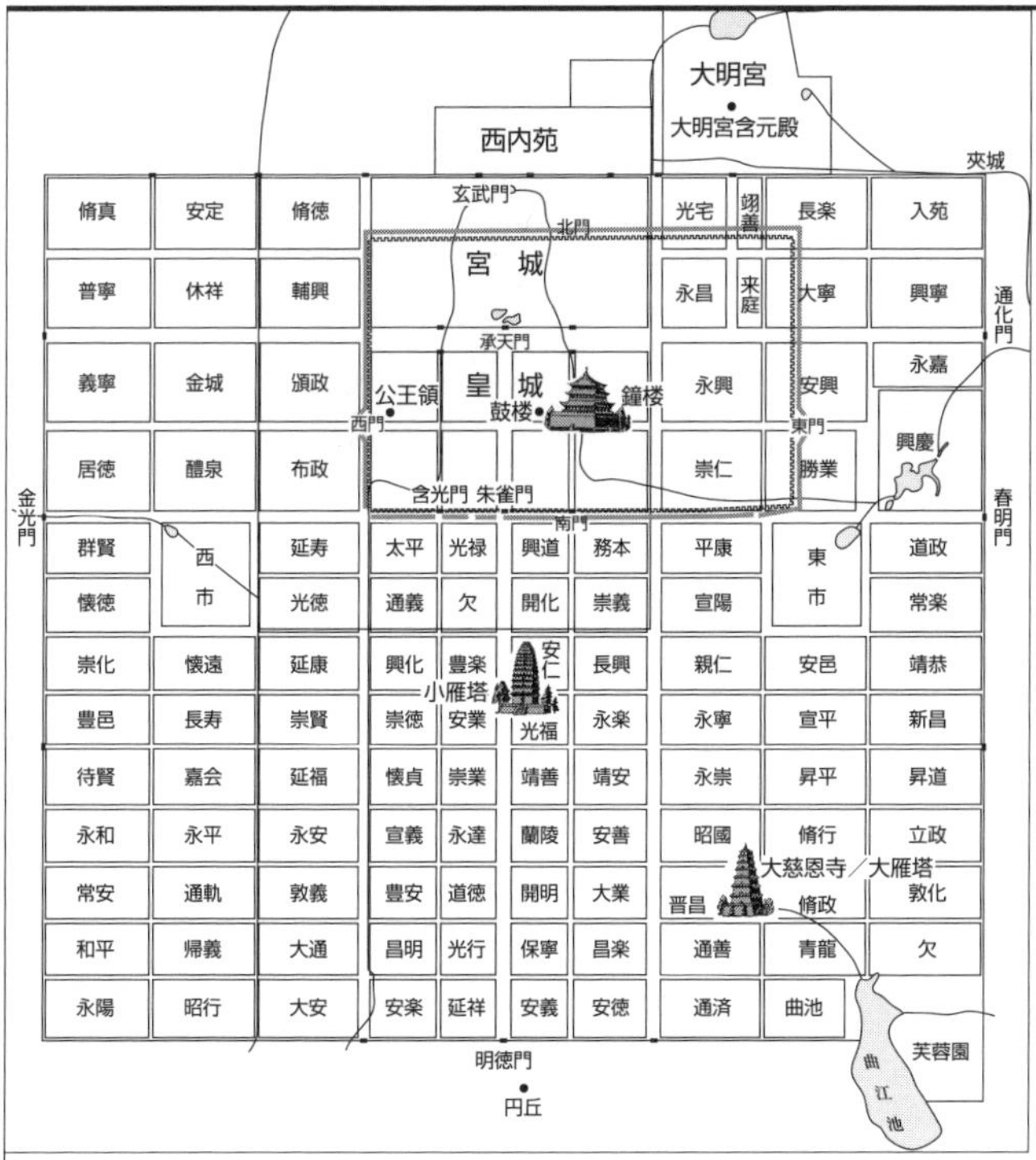
大明宮
大明宮含元殿
西内苑
夾城
玄武門
北門
宮城
承天門
皇城
公王領
鼓楼
鐘楼
西門
東門
含光門
朱雀門
南門
金光門
通化門
春明門
修真 安定 修徳 光宅 翊善 長楽 入苑
普寧 休祥 輔興 永昌 来庭 大寧 興寧
義寧 金城 頒政 永興 安興 永嘉
居徳 醴泉 布政 崇仁 勝業 興慶
群賢 西市 延寿 太平 光禄 興道 務本 平康 東市 道政
懐徳 光徳 通義 欠 開化 崇義 宣陽 常楽
崇化 懐遠 延康 興化 豊楽 安仁 長興 親仁 安邑 靖恭
小雁塔
豊邑 長寿 崇賢 崇徳 安業 光福 永楽 永寧 宣平 新昌
待賢 嘉会 延福 懐貞 崇業 靖善 靖安 永崇 昇平 昇道
永和 永平 永安 宣義 永達 蘭陵 安善 昭國 修行 立政
大慈恩寺／大雁塔
常安 通軌 敦義 豊安 道徳 開明 大業 晋昌 修政 敦化
和平 帰義 大通 昌明 光行 保寧 昌楽 通善 青龍 欠
永陽 昭行 大安 安楽 延祥 安義 安徳 通済 曲池
芙蓉園
曲江池
明徳門
円丘
長安城

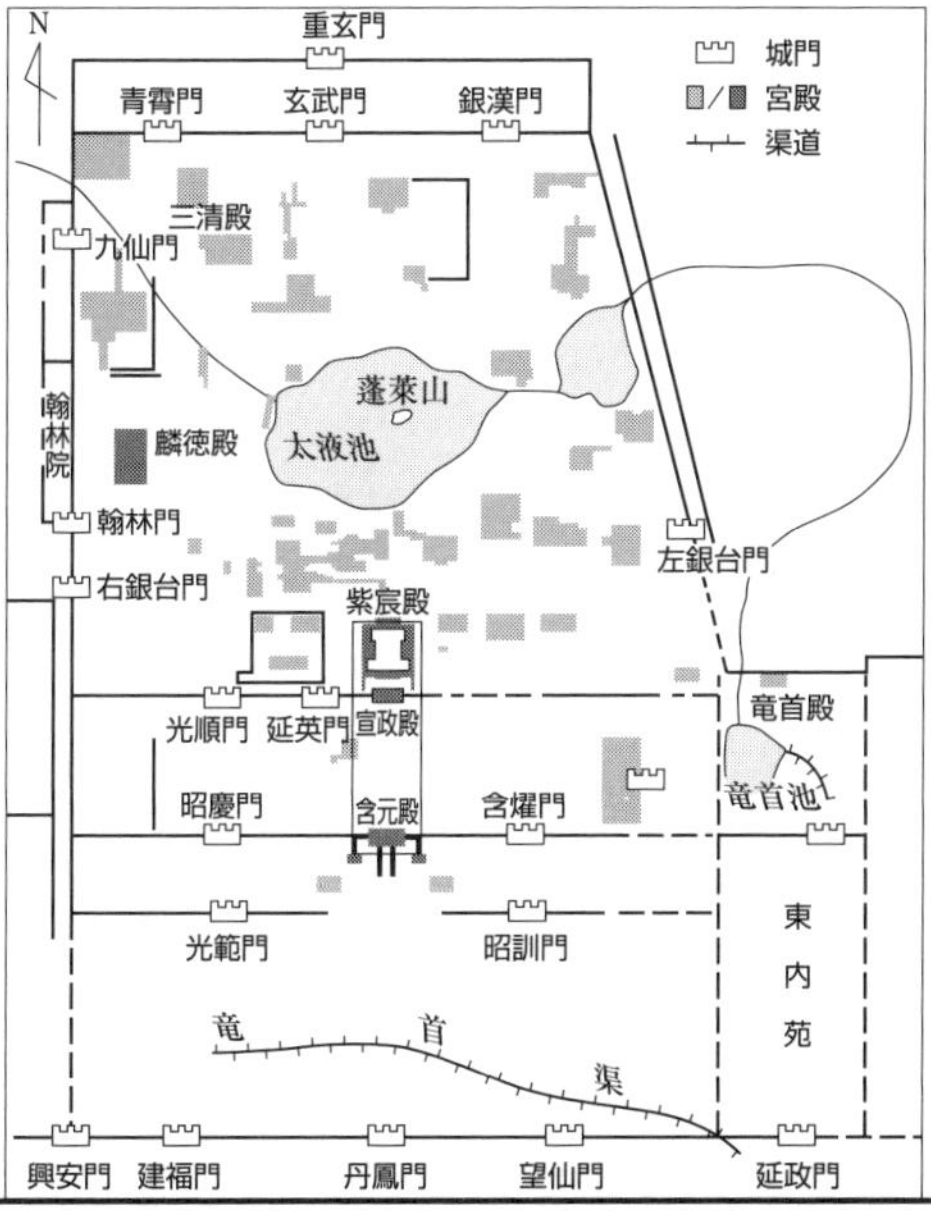
N
重玄門
城門
宮殿
渠道
青霄門
玄武門
銀漢門
三清殿
九仙門
蓬萊山
太液池
翰林院
麟徳殿
翰林門
左銀台門
右銀台門
紫宸殿
光順門
延英門
宣政殿
竜首殿
竜首池
昭慶門
含元殿
含燿門
光範門
昭訓門
東内苑
竜首渠
興安門
建福門
丹鳳門
望仙門
延政門
大明宮

▼**ネストリウス派キリスト教**　イエスに神性・人性両面をみる宗派。エフェソス公会議で異端とされ、東方に布教し、唐代に中国に伝わり景教と呼ばれた。写真は、伝播の記念碑である「大秦景教流行中国碑」(西安・碑林博物館所蔵)。

▼**大雁塔**　長安の大慈恩寺に建立された高さ六四メートルの七層の塔。玄奘が将来した仏像・仏典をおさめた。

やネストリウス派キリスト教▲の教会などが分布していた。例えば大雁塔《だいがんとう》▲で有名な玄奘《げんじょう》三蔵ゆかりの大慈恩寺《じおんじ》は、坊の列でみれば東から三列目、南から三列目の「晋昌坊《しんしょうぼう》」にあった。また、皇城の南壁の東西には、これも壁でかこまれた東市《とうし》・西市《せいし》があり、商業活動はこの両市で品質・価格が管理されておこなわれていた。ただし、一般庶民の食材や日用品は、車やロバなどを使った振売りによってまかなわれていた。

長安城の一日は、つぎのようになる。まず、早朝に宮城の南の承天《しょうてん》門にて大きな太鼓が打ち鳴らされ、それを合図に坊門と城門が開き、住民は坊の外の街にでることができ、さらには城内と城外との通行も許可される。正午には太鼓が三〇〇打たれて、東市・西市の市が開始される。日没の前になると、鉦《どら》が三〇〇打たれて東市・西市の営業が終わり、日没時にはまず太鼓が四〇〇打たれて九カ所の城門が閉じられ、続いて六〇〇打たれて坊門が閉じられる。そのあとは翌朝まで、城外はおろか、坊の外にでることも禁止され、もし夜間に街を歩けば「犯夜《はんや》」の罪でとらえられて棒たたき二〇回の刑に処された。犯罪防止のためである。

外国使節が長安に行くと

　外国から派遣された使節団が長安の町に着くと、彼らはどのようにあつかわれるのであろうか。われわれが遣唐使の一員になったつもりで、考えてみよう。まず、無事に海をわたったとすると、どこかの港に到着する。そこで、正式な使節だということを認めてもらわなければならない。それが認められれば、食糧や宿舎はとりあえず保証されるが、ただしこれには数日を要したようである。到着した州と長安とのあいだでは、政治的・事務的連絡などもあるので、だいたいのところ三カ月ほどあとになってようやく上京の運びとなる。そのさい、数百人で構成される遣唐使の同行員全員が上京できるわけではない。比較的詳しい記録が伝えられる後期遣唐使の例をみれば、宝亀《ほうき》八(七七七)年の遣唐使の上京者は四三人であり(『続日本紀《しょくにほんぎ》』巻三五)、延暦《えんりゃく》二十三(八〇四)年の遣唐使の場合は二三人(『日本後紀《にほんこうき》』巻一二)、承和《じょうわ》五(八三八)年の遣唐使は三五人(円仁《えんにん》『入唐求法巡礼行記《にっとうぐほうじゅんれいこうき》』▲巻一)であった。

　入京使節団はどれほどの日数をかけて長安に行くかというと、承和の遣唐使

▼**円仁『入唐求法巡礼行記』**　円仁(七九四～八六四)は天台宗の僧侶。最澄(さいちょう)の跡を継ぎ、天台二番手として唐にわたった。『入唐求法巡礼行記』はその旅行記。

長安と揚州、天台山の位置関係

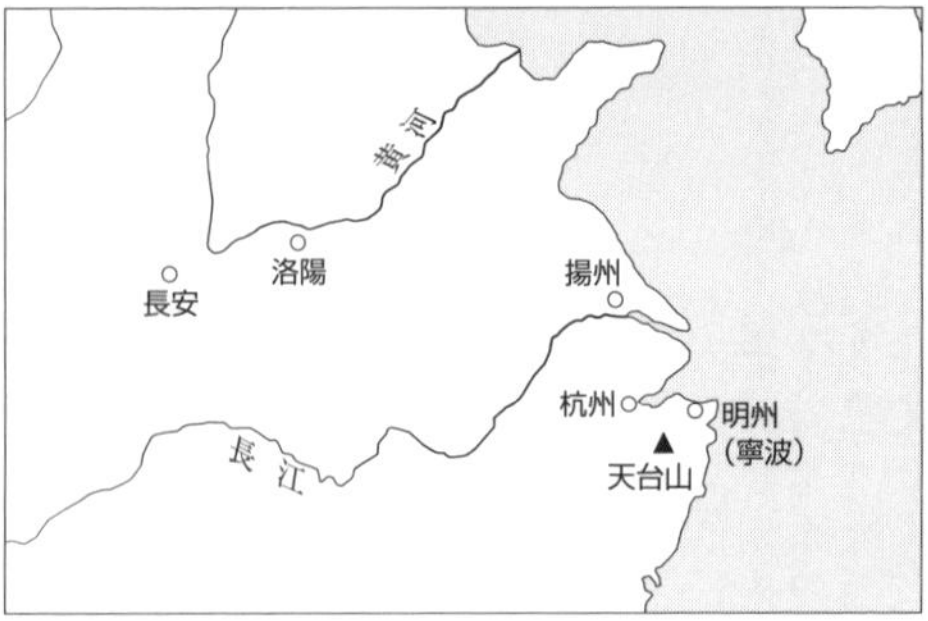

▼**唐代の一里**　約四四〇メートル。一八〇里は八〇キロ弱で、ほぼ日本橋—小田原間の距離。

に随行して入唐した円仁の旅行記（『入唐求法巡礼行記』）に興味深い記事がある。円仁の目的は天台山に行くことであったので、彼は上京せずに到着した揚州《ようしゅう》にとどまっていたのであるが、唐・開成《かいせい》三（八三八）年十二月十八日に、その円仁のもとに揚州の係官が「大使（藤原常嗣《ふじわらのつねつぐ》）らは今月三日に長安に到着した」と知らせてきた。これは、長安から日本使節の無事到着を報告する公文書が一五日かけて揚州に届いたことを意味する。唐の公用の移動・伝達手段は駅伝制と呼ばれる早馬制度であり、駅馬は一日六駅進むことになっていた。唐の駅は三〇里▲ごとにおかれたので、一日一八〇里がノルマである。当時の地理書によれば、長安—揚州間はほぼ二七〇〇里であり、これを一日一八〇里という数値で割ってみれば、一五日という日数がでる。つまり、この連絡は駅馬によって揚州にもたらされたのである。ところが、このときの遣唐大使・藤原常嗣の揚州出発は十月五日であり、長安到着は十二月三日であったので、この年の暦によれば彼らは五八日間かけて移動したことになる。宝亀八年の遣唐使は、やはり揚州から八七日間かけて入京している。つまり、入京使節は駅伝制で突っ走るのではなく、のんびりと船で長安に向かったのである。ただし宿舎は、多くの

▼**鴻臚寺**　鴻臚の字義については、⑴鴻は声、臚は伝、天子の声教を四夷に伝える、⑵鴻は大、臚は陳、賓客におおいに序礼を述べる、⑶鴻は大、臚は腹、都を肥えた腹として王・侯・蕃国が手足となってそれを支える、などの諸説がある。

場合は各駅にある駅舎を利用したと思われる。

こうしていよいよ長安に到着する日、まず使節団の目にはいってくるのは、関中《かんちゅう》平野の遠くに見える長安外郭城の壁である。日本の遣唐使ならば、東壁の春明門《しゅんめいもん》か通化門《つうかもん》をくぐったであろう。その前に、都の駅(都亭駅《とていえき》)の一つ東側の駅・長楽駅《ちょうらくえき》で、長安の官吏の出迎えを受けることもあった。城内にはいると、坊壁が左右に見える街を進み、迎賓館にはいる。皇城の南壁の中央にある朱雀《すざく》門を南からはいると、すぐ左手に外務省にあたる鴻臚寺《こうろじ》▲があり、その西にある鴻臚客館《きゃくかん》が迎賓館である。この朱雀門と含光門《がんこうもん》にはさまれた一角は、鴻臚寺と客館だけで占められており、おそらくは客館の敷地のほうが面積は広かったであろう。唐の場合、四方からの外国使節を客館に受け入れなければならなかったからである。唐の後半期になると、皇城の鴻臚客館が荒廃したためであろう、主として礼賓院《れいひんいん》という施設が迎賓館として用いられた。礼賓院は、長安城の坊の列でいうと、縦は東から四列目、横は南から七列目の長興坊《ちょうこうぼう》にあった。宝亀や承和の遣唐使は、ここにはいっている。

賓礼の世界

中国の儀礼は伝統的に、吉礼《きつれい》・賓礼《ひん》・軍礼《ぐん》・嘉礼《か》・凶礼《きょう》の五礼から成り立っている。吉礼は皇帝が天子として天・地を祀《まつ》って豊作を祈るなどの儀礼、賓礼は外交儀礼、軍礼は軍隊閲兵や勝利報告などの儀礼、嘉礼は元日朝賀や立太子など皇室の儀礼、凶礼は官僚の喪葬儀礼である。中国の諸王朝は、この「礼」と律令などの「法」を二本の柱として支えられてきた。

ところが、考えてみると、儀礼と法律によって国家が成り立っているのは、なにも中国の王朝だけにかぎらない。古今東西、どの国でもこの二本の柱によって国が支えられている。西洋諸国家の宮廷も同様であるし、それは現代の議会運営においてもしかりである。それればかりか、われわれ庶民の日常においてさえ、やはり種々の局面でしきたりやセレモニーに出会う。さらによく考えてみると、儀礼というものは、それをおこなうことじたいに目的があることに気づくであろう。あの元禄時代に江戸城の松の廊下で起きた刃傷《にんじょう》事件は、勅使饗応儀礼の日であったので、幕府はあれほど大騒ぎをした。別にあのような儀礼はおこなわなくてもよさそうであるが、そうはいかない。権力とはつねに儀礼をみせつけることによって成り立つのであり、それに悖《もと》るやり方はしてはいけないのである。

さて、唐代の長安に到着した外国の入京使節を待っているのは、いうまでもなく「賓礼」の諸儀式である。賓礼は、つぎの儀式によって形成される。

(1)「迎労儀式」　皇帝が使者を派遣して外国使節をむかえねぎらう。外国使節は承天門より宮城に拝礼。迎賓館、もしくは前述のとおり長安の一つ前の駅でおこなう。

(2)「皇帝謁見日伝達儀式」　迎賓館で皇帝派遣の使者を外国使節がむかえ、謁見の日を伝えられる。

(3)「謁見儀式」　外国使節が皇帝に謁見し、国書と贈物をわたす。

(4)「宴会儀式」　唐側が宴会でもてなし、返礼品をわたす。

このうち、使節のもっとも重要な任務になるであろう(3)「謁見儀式」を以下に復元してみよう(『大唐開元礼《だいとうかいげんれい》』巻七九による。五七頁の図を参照)。

儀式名「皇帝が蕃国使の表(国書)と幣《へい》(贈物)を受け取る儀式」

(1)儀式の前日、皇帝御座の背後のついたて、外国使節の席、宮懸《きゅうけん》(オーケ

唐宮懸図　黄鐘鐘から時計まわりで応鐘鐘までは一二音階の鐘。編鐘は一二の小さな鐘、編磬は一二の石板で構成される打楽器(五七頁)。四辺に三六人の楽士が並び、四隅に鼓、内側に管楽器が配される。演奏は柷(〈しゅく〉木製の箱)を打って開始され、敔(〈ぎょ〉虎の彫刻)の背骨の凹凸を二回こすって終了する。

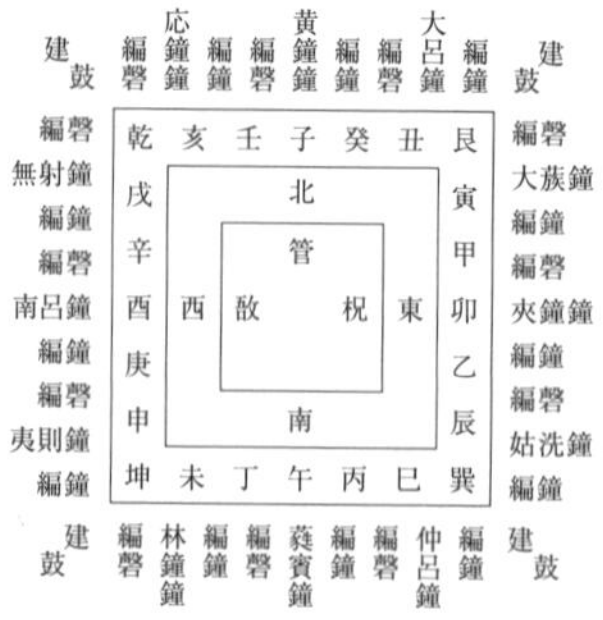

ストラ)、指揮者の席などを設定。

(2)当日、外国使節の席を設定(北向き、西が上座)。進行役など入場。近衛兵、位置につき、指揮者・演奏者入場。

(3)外国使節、引率されて儀式会場の宮殿の門に到着。西より東面する。

(4)戒厳令。太和《たいわ》の楽を奏し、皇帝、輿《こし》に乗って出御、御座につく。

(5)舒和《じょわ》の楽を奏し、外国使節入場、席につく。

(6)中書侍郎《ちゅうしょじろう》が使節より国書を受け取り、西階より昇殿して皇帝に読みあげる。

(7)国書を読みあげるあいだに、官吏が贈物を受け取る。

(8)皇帝、通事《つうじ》舎人を媒介にして相手国の元首について問い、使節は返答。皇帝、使節団について問い、使節返答。

(9)舒和の楽、外国使節退場。太和の楽、皇帝退場。儀式終了。

この式次第をみると、まず第一に、唐の皇帝がさきに入場して外国使節を待ち受けるのがたてまえであることがわかる。皇帝といえども、ただいばっていればよいというものではない。

謁見儀礼概念図　矢印は向く方向。典儀は儀式進行係。中書侍郎・令史は国書を受け取り、宮殿上御座の南から北面して読みあげる。協律郎は指揮者。宮殿西階段の上の協律郎が殿内の進行をみて合図を送り、宮懸南の協律郎がそれを受けて楽人を指揮する。

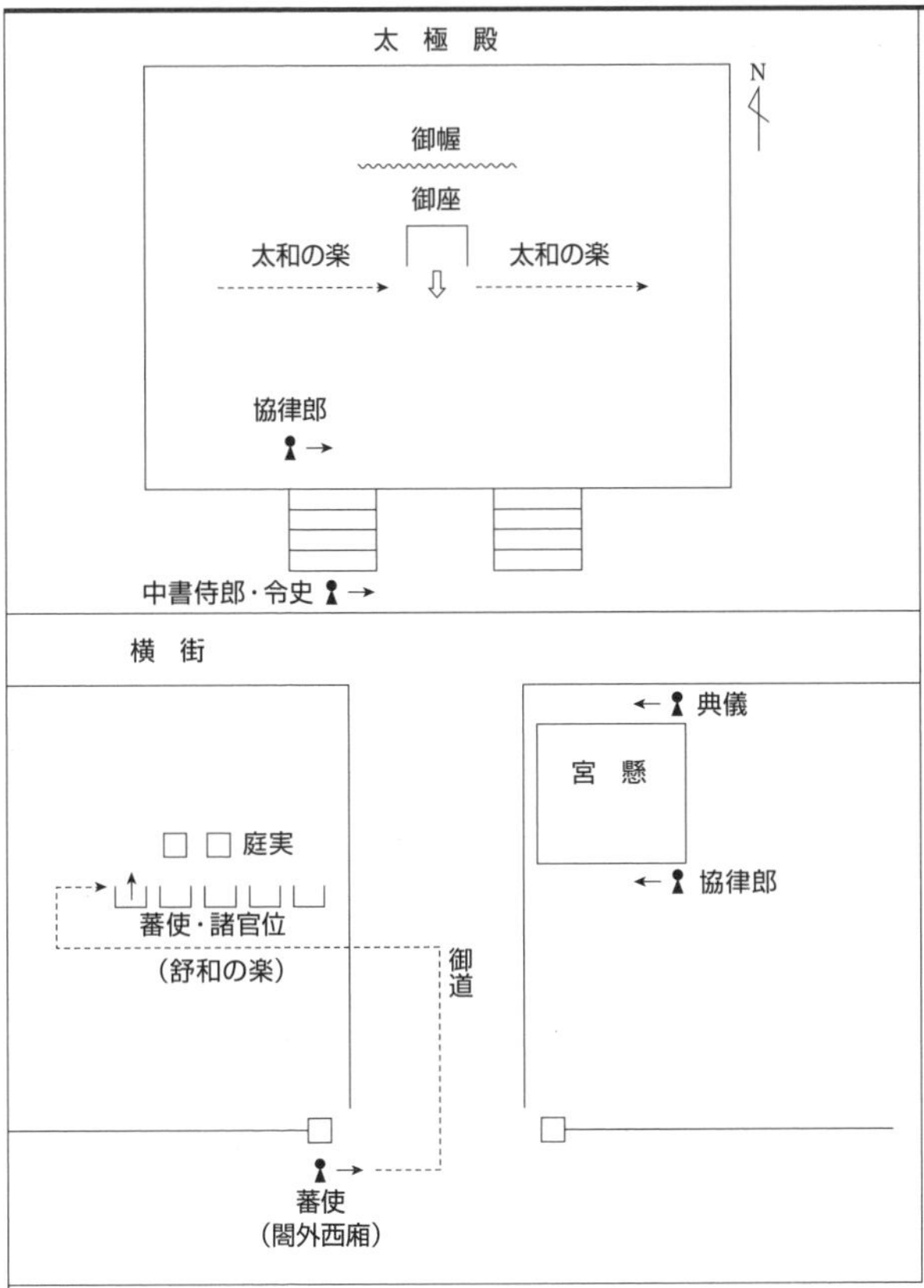

編磬（『楽書』巻一一二）

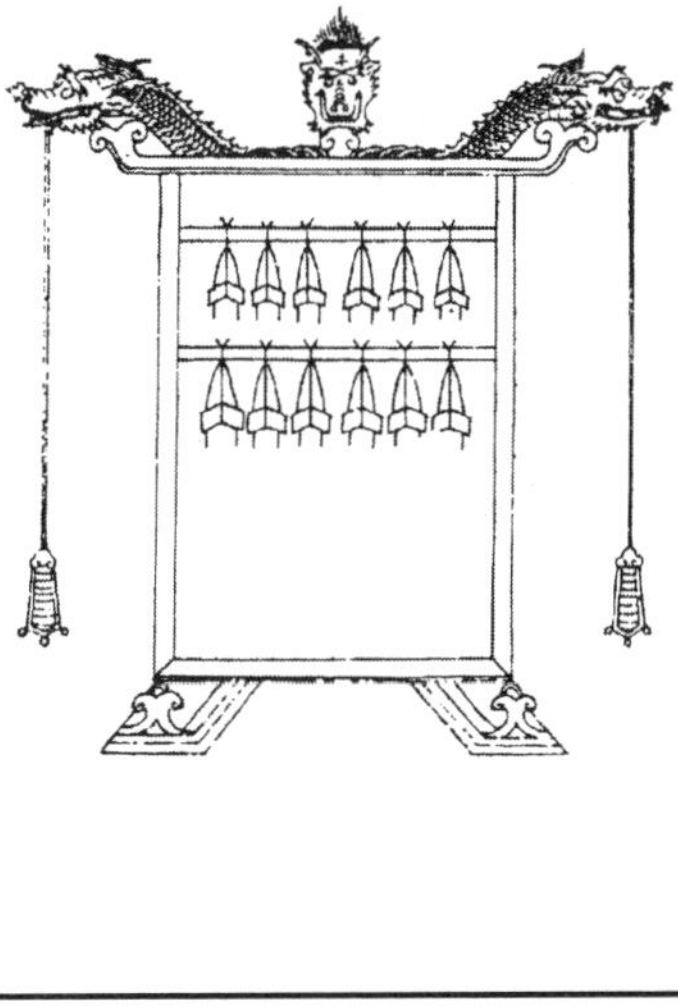

編鐘（『楽書』巻一一〇）

▼**玄宗**（在位七一二～七五六）　則天武后（そくてんぶこう）以来の朝廷内の混乱をおさめて安定期を現出。さまざまの改革をおこなったが、安史（あんし）の乱で四川に逃亡中に退位した。

第二に、中国の礼制では、南北の対面は君臣関係を意味し（南面が君主、北面が臣下）、東西の対面では主客関係を意味する（西面が主人、東面が客人）。したがって、中国の宮殿はかならず南向きに造られる。この儀式で、外国使節が宮殿の門で西より東面するのは、彼らが客人としてあつかわれるからである。使節の席次が竜尾道の西に、しかも最西端が上座とされるのは、皇帝は南面せざるをえないから、外国使節はその皇帝と真正面で南北の対面にならないよう、配慮されているのである。

第三に、通常はこの儀式を「皇帝謁見」「皇帝朝見」と称するのだが、儀式本来の意味は皇帝が外国使節より一方的に国書と贈物を受け取るものであり、したがって正式な儀式名も「皇帝、蕃使の表および幣を受く」という。では、これにたいする唐側の対応はどうなのかというと、宴会儀礼で返礼をおこない、宴会終了時に皇帝からの返礼品が箱にいれられてわたされる。そして、使節が長安を離れる前に、迎賓館で唐からの返事の国書が手わたされる。そのさい、国書は函にいれられ、その函のなかに返礼品のリストが同封されて手わたされるのである。

賓礼が文書と物品の授受を根幹にして成り立っていることがわかろう。昔も今も、手ぶらで行き、手ぶらで帰すわけにはいかないのである。

日本宛ての国書

ところで、日本から唐に宛てた国書は日・唐の史書にまったく残っていないが、唐から日本に宛てた国書はたった一通だけ、唐側の史料に伝えられている。天平《てんぴょう》の遣唐使にたいして玄宗《げんそう》▲が与えた国書がそれで、撰者は時の宰相張九齢《ちょうきゅうれい》▲である。実際の国書とはどういうものなのか、まずそれを読んでみよう。

「日本国王に勅《ちょく》するの書」

日本国王、主明楽美御徳《すめらみこと》▲に勅します。

日本は礼儀の国で、神霊の御加護があり、大海原を往来して、いまだわが国に憂いをなしたことがありません。それなのに、昨年はどのような運命であのようなことになったのか、私にはわかりません。

丹墀（多治比《たじひ》）真人《のまひと》広成《ひろなり》らが入朝し、東に帰ろうとして長江の河口を出発しましたが、暗い雲と霧がたちこめて方角に迷い、さらに悪風に遭遇して、

▼**張九齢**（六七三〜七四〇）　文才の誉れ高く、政治の中枢にあっては科挙（かきょ）出身官僚を擁護した。そのため貴族官僚と対立し、宰相を罷免された。早くから安禄山（あんろくざん）の危険性を主張し、その先見を讃えられたという。『曲江集』（きょっこうしゅう）は彼の文集。

▼**主明楽美御徳**　天皇の称号の漢字音写。外国使節は鴻臚寺で元首の姓名、国の風土・産業などを質問される。主明楽美御徳は、唐の官吏ではなく、日本の使節が答えるときに書いた可能性を想定すべきである。

貴国の諸船は漂流してしまいました。その後、一船は越州《えつしゅう》にもどりました。これがすなわち多治比広成の船です。ついですでに出発しましたので、今ごろは貴国に到着していることでしょう。

別の一船は南海に漂流しました。すなわち中臣朝臣名代《なかとみのあそんなしろ》▲の船です。さまざまの艱難《かんなん》に遭いましたが、命だけはなんとかとりとめました。

中臣名代がまだ帰国の途につく前に、広州《こうしゅう》からの連絡がはいって、平群朝《へぐりのあ》臣広成《そんひろなり》らの船は林邑国《りんゆう》(ベトナム▲)に漂着したとのことです。そこは異国の地なので、言葉はつうじず、みな強掠されて、ある者は殺され、ある者は売られ、その報告の伝える災難はとても聞くに忍びないものでした。しかし、ベトナム諸国はこのごろわが国に朝貢していますので、私はすでに安《あん》南都護《なんとご》▲に勅を発し、わが勅を読みあげて告示させ、まだ生き残っている者は送り届けるように命じました。その者たちが帰ってきましたら、休養させてから貴国に向けて出発させましょう。

ところが、残る一船はとうとう所在がわかりません。そこで私は長く心を痛めております。あるいはこの船もベトナムのほうに行ったのならば、も

▼中臣朝臣名代　『続日本紀』天平八(七三六)年八月庚午条によれば、中臣名代は唐人三人、波斯(はし)人(ペルシア人)一人を連れて帰国した。

▼ベトナム　当時、中国では林邑国または崑崙(こんろん)国と呼ばれた。

▼安南都護　唐の六都護府(安東・安南・安西・北庭・安北・単于〈ぜんう〉都護府)の一つで、南辺の統治機関の長官。治所はハノイ。一時鎮南都護府と改名、阿倍仲麻呂(あべのなかまろ)が就任した。

どってきた者が詳細を私に報告するでしょう。これらの災難は、まことに予測することができません。あなたがたは私に忠義を立てているのに、どのような運命によって、使節たちはあのような被害をこうむらねばならないのでしょうか。思うに、あなたがこれを聞けば、まさに驚きなげくことでしょう。しかしながら、天地は悠然としていて、それぞれ命があるものです。

十一月のはなはだ寒い候、あなたや貴国の民はみなご無事にお暮しになりますように。今、中臣名代が帰ります。詳細はいちいち彼の口から語られるでしょう。手紙ですので、多くのことにはふれられません。（張九齢『曲江集』巻一二、『文苑英華《ぶんえんえいが》』巻四七一）

天平遣唐使の運命

唐の皇帝が発する詔勅には七種類の文書があり、そのうち国書に用いられるのは「慰労制書《いろうせいしょ》」と「論事勅書《ろんじちょくしょ》」である。「慰労制書」は「皇帝、敬《つつし》んで某国王に問う」または「皇帝、某国王に問う」の文言で書きはじめられ、前者がよ

天平の遣唐使の帰路

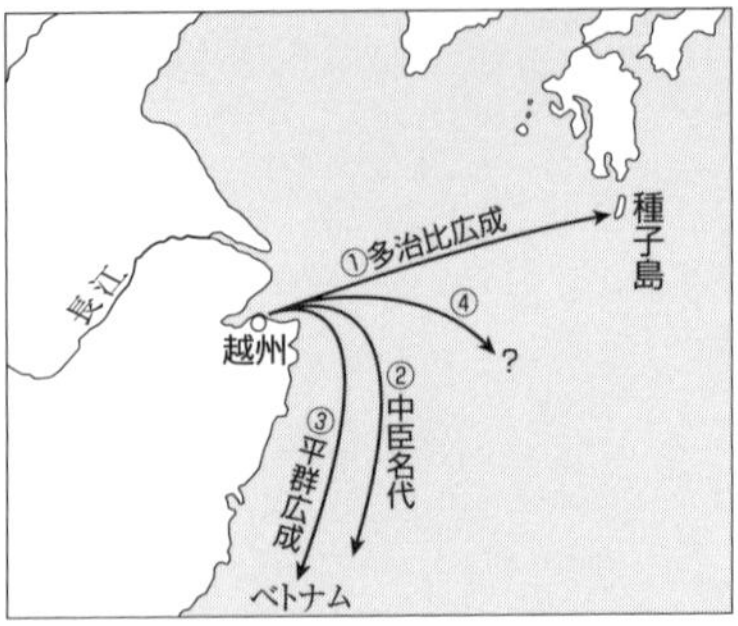

り上級文書とされる。一方「論事勅書」は「某国王に勅す」で始まり、「慰労制書」のほうがより丁寧な文書とされる。これらの使い分けは、相手国の格や伝達内容による。この「日本国王に勅するの書」は、「論事勅書」で発せられた国書である。なお、末尾の文言は原文では「書を遣《つか》わす、指すに多くはおよばず」と書かれているが、これはいまの「敬具」にあたる慣用句である。その前には、ほとんどの国書で時候の挨拶がはいる。

　さて、右の国書には極めて悲惨な状況が記されているが、天平の遣唐使は七三四年に蘇州《そしゅう》を出航して帰国の途についたあとに漂流してしまい、それぞれの船はつぎのような運命をたどった。

第一船（多治比広成）　越州にもどり、再度出航して同年中に種子島に帰着。
第二船（中臣名代）　南海に漂流して唐にもどり、七三六年に帰国。
第三船（平群広成）　ベトナムに漂着してとらえられ、一一五人中、平群広成ら四人のみが唐にもどり、七三九年に渤海《ぼっかい》使節の船で出羽国に帰着。
第四船　行方不明。

これを参照すれば、この国書の述べる意味が理解できるであろう。この国書は、第二船の中臣名代が漂流後、ふたたび長安にもどり、再度帰国の途につくさいにわたされた、聖武《しょうむ》天皇宛ての「論事勅書」なのである。

国書の文章は極めて平易で、かざりたてずに用件をストレートに述べる。外交文書は、なによりも意思伝達を最優先するからである。ただし、平易というのは文体の問題で、その指し示す内容が平易というわけではない。国書は基本的に手紙であり、当事者間で共通理解の事項はいちいち説明しないから、第三者がそれを読んでも意味をつかむのは容易ではない。事実、前掲の日本宛ての国書をみても、四船が帰国時にたどった経緯が日本側の史料によって知られるから、この国書の述べるところがつかめるのである。

唐が発給した国書でほぼ全文が採録されたものは、現存史料中に約一〇〇通を見出すことができる。それらの多くは、右の日本宛て国書とは違って、より鮮烈な外交内容が記される。なかには、A国に宛てて唐への忠義な態度をほめておき、同時にB国に宛ててこの機にA国を攻撃せよと述べているものもある。外交とは、いつの時代もそういうものである。唐代の外交における国家間意思伝達は、このようにしておこなわれていた。

唐代墓誌の形式

●井真成(せいしんせい)**の墓誌**　西安市の東郊、滻水(さんすい)と灞水(はすい)にはさまれた工事現場より発見され、二〇〇四年十月に日本の朝刊各紙トップを賑わせた。「国号日本」と刻され、中国で出土したはじめての唐代の日本人墓誌である。しかも墓主に相当する人物が日・唐の史書にはいっさい見出せず、そこで在来史料からはうかがえない遣唐使の姿を浮かび上がらせる史料として、人びとの注目を集めた。死亡年月は「開元二十二(七三四)年正月」と刻されており、ちょうど天平の遣唐使が中国に滞在している期間中に死去したことになる。蕃望(〈ばんぼう〉六六頁参照)では、使節の主・副および第三等以上の者の死去は、皇帝に上奏された。とすれば、従五品が贈官された井真成の死去は玄宗に報告されなかったであろう。西安・西北大学所蔵。

【録文】

1 贈尚衣奉御井公墓誌文并序
2 公姓井、字真成。國号日本、才稱天縱。故能
3 □命遠邦、馳騁上國。蹈禮樂、襲衣冠、束帶
4 □朝、難与儔矣。豈圖強學不倦、問道未終、
5 □遇移舟、隙逢奔駟。以開元廿二年正月
6 □日、乃終于官弟。春秋卅六。　皇上
7 □傷、追崇有典。　詔贈尚衣奉御、葬令官
8 □。即以其年二月四日、窆於萬年県滻水
9 □原。禮也。嗚呼、素車曉引、丹旐行哀。嗟遠
10 □兮頽暮日、指窮郊兮悲夜臺。其辭曰、
11 □乃天常、哀茲遠方。形既埋於異土、魂庶
12 歸於故郷。

【訓読】

贈尚衣奉御《しょういほうぎょ》、井公の墓誌文、并《なら》びに序

公、姓は井、字《あざな》は真成。国は日本と号し、才は天縦《てんしょう》と称せらる。故に能く遠邦に□命し、上国に馳騁《へい》(聘)す。礼楽を蹈み、衣冠を襲《つ》ぎ、束帯して朝に□すれば、与《とも》に儔《たぐ》い難し。豈《あ》に図らんや、強学して倦《う》まず、道を問うこと未だ終らずして、□に移舟《いしゅう》に遇い、隙《げき》に奔駟《ほんし》に逢うをや。開元廿二年正月□日を以て、乃ち官弟(第)に終れり。春秋、卅六。

皇上□傷し、追崇するに典有り。詔して尚衣奉御を贈り、葬するに官□せしむ。即ち、其の年の二月四日を以て、萬年県の滻水の□原に窆《ほう》むる。礼なり。

嗚呼《ああ》、素車《そしゃ》暁に引かれ、丹旐《たんちょう》行くこと哀れなり。遠□を嗟《なげ》きて暮日を頽《くず》し、窮郊《きゅうこう》を指して夜臺《やだい》を悲しむ。其の辭に曰く、

□は乃ち天常、哀れまんかな茲の遠方。形は既に異土に埋もれども、魂は庶《こいねが》わくは故郷に帰らんことを。

●九姓突厥契苾李中郎(けいひつりちゅうろう)**の墓誌**　天宝(てんぽう)三(七四四)年に長安に埋葬されたテュルク人の墓誌。この年にモンゴルの突厥第二可汗(かがん)国が滅亡し、その混乱を逃れて唐にきたが、まもなく長安の迎賓館(七行目の「藁街」)で死去した。そのため、墓主の詳しい生涯がわからず、常套句を並べた文章となっている。作成は井真成墓誌の一〇年後。その内容と、墓誌文の行数、一行の字数など、井真成の墓誌と非常に似ている。

●官撰墓誌　上の「契苾李中郎」墓誌の一〇行目に「著作司銘(著作、銘をつかさどる)」という四字が見える。この著作とは、秘書省著作局のことで、朝廷が墓碑や墓誌をつくるときにはこの官署がおこなう。つまり、この墓誌は「官撰の墓誌」なのである。左の二つは亡宮(死亡した後宮女官)の墓誌であるが、どちらも二行目に「亡宮は何許(いずこの人なるかを知らず」とある。遺族がこのような墓誌をつくるはずはなく、これらも官撰墓誌である。

上の墓誌は、明らかに罫線を無視して文字を刻している。下の墓誌は半分しか文章を刻していないが、空白部分にも罫線が見える。これらの墓誌は、文章の字数に合わせて罫線を引いたのではなく、あらかじめ罫線のほどこされた墓誌石に彫ったのである。左側に空白が生じるのは、最後まで文章が書けなかったからにすぎない。井真成の墓誌も、同様の官撰墓誌とみるべきである。

蕃望と品階

蕃望		
第1等	国王クラス	
2等	親王クラス	
3等	第1品	唐の官僚品階
	2品	
	3品	
4等	4品	
	5品	
5等	6品	
	7品	
	8品	
	9品	

④—東アジア国際関係の変化

蕃望

外国使節が長安にくると、唐は彼らをもてなす待遇に差別化の規定を用意していた。その待遇差別は、その国が大国か小国か、使節員が本国でどの程度の身分か、などが斟酌《しんしゃく》された。つまり、一国の使節であっても、その構成員にはそれぞれの立場があるので、その上下差によってもてなしの仕方に差が設けられていたのである。この待遇のランク差を「蕃望《ばんぼう》」(外国人の等級)といい、蕃望は五ランクに分けられた。

一方、唐国内の官僚の等級(品階《ひんかい》)は第一品《だいいっぴん》から九品《きゅうひん》までの九ランクとされ(このなかがそれぞれ正《せい》・従《じゅう》階に、さらに正四品以下は上・下階に分けられ、合計三〇階)、蕃望の第三等に相当する外国人は品階第一〜三品に、第四等は四・五品に、第五等は六〜九品に相当するとしてあつかわれた。蕃望第一・二等は官僚に相当しない、つまりその国の王・親王を意味した。長安にきた外国使節や、部族民を率いて唐に降伏してきた族長などは、すべてこの蕃望に従ってあつかわれた。使節構成員の場合は、例えば宴会における席次はもちろん、迎賓館での食事や敷物にまで待遇に差が設けられたのである。

さて、唐が蕃望規定によって外国使節の待遇に差を設けているとはいっても、それが一国の使節団員内での格上・格下の者への待遇差であるならば、さして問題は起こらない。ところがそれが、ある国の使節と別の国の使節のあいだの待遇差であれば話は別で、問題が生じる場合がある。外国使節は、季節によっては元日朝賀や冬至朝賀などの儀式にも出席し、その場には各国の使節が一堂に会する。そのさいに、国どうしで上座を争う事態が起こりうるのである。これを「争長《そうちょう》事件▲」という。

じつは、わが国の遣唐使節が争長事件を起こしたことがあった。玄宗《げんそう》の天宝《てんぽう》十二(七五三)年正月、天平勝宝《てんぴょうしょうほう》の遣唐副使であった大伴古麻呂《おおとものこまろ》が、大明宮《だいめいきゅう》含元殿《がんげんでん》での元日朝賀の席で、日本の席が宮殿に向かって西側の吐蕃《とばん》(チベット)の下座に用意され、新羅《しらぎ》の席が東側の第一の上座に用意されたのにたいし、「新羅は以前より日本に朝貢している国である」と抗議し、唐は両国の席を交替させたということである。

▼争長事件　下記以外に、(1)突厥(とっけつ)と突騎施(〈とっきし〉テュルギッシュ、七二頁参照)による宴会の席次(七三〇年)、(2)ウイグルとアッバース朝による儀式入場の順位(七五八年)、(3)渤海(ぼっかい)と新羅による賀正の席次(八九七年)などがある。いずれも唐は臨機応変に対応している。

唐は、多くの国々からの使節団を同時にむかえいれるのであるから、その待遇に基本的な基準を用意していたのは当然である。しかし、外国使節側はそれに従えない場合もあった。彼らの双肩にはなによりも本国の威信がかかっているのであり、プライド上ゆずれない一線があったのである。

唐の国際秩序理念

ところで、蕃望のようないわば実務規定とは別に、唐が諸外国にたいしてどのような国際体制理念をいだいていたかという問題が、一方では存在する。換言すれば、そちらは「国際秩序」観念といってよいであろう。中国諸王朝の国際秩序観というと、しばしば「冊封体制《さくほう》▲」という理念によって説明される。冊封体制とは、中国から周辺国の君長に王号が授与され、両者間に君臣関係と朝貢などの義務が生じ、東アジアはこの関係によって秩序が形成されていたと説明する考え方である。しかしながら、例えば日本は唐から王号を授与されたわけではなく、それにもかかわらず前掲の日本宛て国書では「日本国王」と称されている。これは、中央アジアのオアシス諸国の場合も同様であり、突厥の

▼**冊封体制**　もともとは栗原朋信(くりはらとものぶ)氏が、漢代の印璽の研究をとおして内臣・外臣・客臣という構造を唱えた。それを西嶋定生(にしじまさだお)氏が、王号授与とそれにともなう君臣関係と朝貢義務の発生というかたちに発展させた。

▼賛普　吐蕃の王の称号。ツァンポ(強い雄)の漢字音写。

「蕃域」「絶域」の概念図

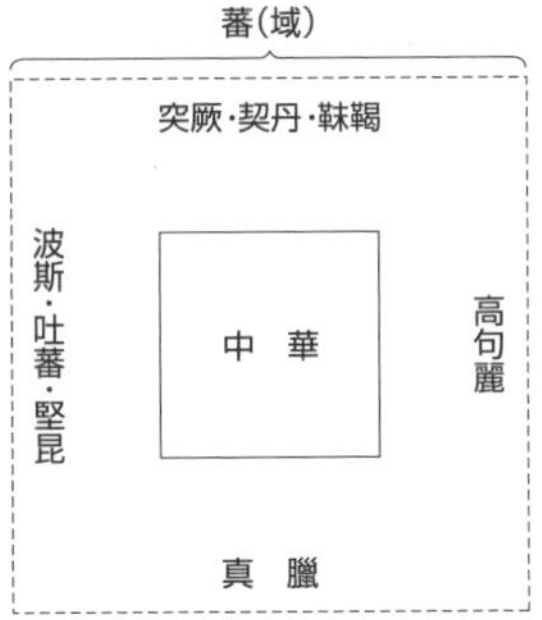

「可汗《かがん》」や吐蕃の「賛普《さんぷ》▲」のように、相手国独自の君主号によって国書が発せられるケースもある。

冊封体制論は、中国・冊封国・非冊封国のいわば三重構造でとらえる解釈であるが、同じく三重構造でも、唐・羈縻《きび》州・その他の諸国、の構造でとらえる考え方もある。この場合、羈縻州を内地羈縻州と外地羈縻州に分ける必要がある。内地羈縻州とは、唐の直轄州の管轄下にある羈縻州であり、その民は唐の皇帝の「王民《おうみん》」とされ、外地羈縻州とは、七世紀の突厥のように自己の君主を失い、羈縻州がおかれて唐の間接支配を受けるケースをいう。このほうが、より現実的なとらえ方といえるかもしれないが、しかし外地羈縻州がおかれた代表的な地域ともいえるモンゴリアに、この体制が維持されていたのは、突厥第一可汗国滅亡後の約五〇年間にすぎないのである。

さらには、唐の国際秩序というと、しばしば提示される考え方に「蕃域《ばんいき》」「絶域《ぜついき》」の概念がある。これは、則天武后《そくてんぶこう》朝のつぎの詔勅にもとづいている。

聖暦《せいれき》三(七〇〇)年三月六日、勅す。東は高麗《こうらい》(高句麗《こうくり》)にいたり、南は真臘《しんろう》(クメール)にいたり、西は波斯《はし》(ペルシア)・吐蕃・堅昆《けんこん》(キルギス)にいたり、北は突厥・契丹《きったん》・靺鞨《まっかつ》にいたるを蕃に入《い》ると為し、それ以外を絶域と為せ。使節の旅費・食糧は、おのおの式の規定に依れ。（『唐会要《とうかいよう》』巻一〇〇）

これも考えてみれば、唐を中心とした三重構造といえようが、ここに「蕃」と記される四方の地域・諸国を右の冊封国や外地羈縻州にあてはめてみても、一致しない。そもそも、勅の原文には「蕃域」ではなく「蕃に入る（入蕃）」とあり、また末尾の文言からみても、この勅は、これらの諸国からきた使節が帰国するさいに、またはこれらの諸国にたいして唐側の使節が派遣されるさいに、供給される旅費・食糧を規定したものと考えられる。その詳細な内訳は、式に記されていたのである。

以上の三種の考え方は、唐代国際体制の静的構造をとらえようとするものであるが、いずれも十分に説明づけられたわけではない。実際には唐の外交体制▲は、このような静的な秩序理念につねに左右されるのではなく、もっと臨機応変に、よりヴィヴィッドに展開されたのではないだろうか。

▼**実際の唐の外交**　一例をあげると、唐の国書に用いる紙質にはランクが設けられた。それによれば、吐蕃は九世紀初めでは最上位に、同世紀末では最下位にあつかわれている。この間に吐蕃が一時河西（かせい）地方を占領して唐と敵対したからだと思われる。待遇の差は、そのときの両国間の関係や外交事情によって決まる（金子修一『隋唐の国際秩序と東アジア』、二五四頁）。

唐代国際関係の変遷

唐がその支配版図を広げ、対外的に優位に立った最初の大きな契機は、すでに第一章でみたように、太宗《たいそう》・貞観《じょうがん》四(六三〇)年の突厥第一可汗国の滅亡であった。これによって唐の支配力はモンゴリアにおよび、その一〇年後にはトゥルファンの高昌《こうしょう》国を滅ぼしてそこに西州《せいしゅう》を設置し、唐の中央アジア支配の拠点もできあがった。太宗はその治世の末期に、モンゴリアのテュルク諸部より天可汗《てんかがん》(テングリ・カガン)の称号を受け、中国だけでなくテュルク族にたいしても王として君臨した。五胡時代以来の北族による支配抗争のうねりは、ここにいったん決着がついて完成をむかえたといえよう。

唐の対外優位はつぎの高宗《こうそう》期にも受け継がれ、西突厥の阿史那賀魯《あしながろ》▲の反乱を鎮圧し、これを契機に唐の支配力は天山北部にまでおよぶこととなった。これが中央アジアの商業権益を中国につなげたことは、首肯されてよい。また高宗期には、東北方面で紛争が起こりがちであった高句麗を滅ぼすことにも成功し、こうして唐によるユーラシア東半の支配は一時ゆるぎないものに発展した。そのため、このころにはさかんに各国からの使節が唐に派遣されるようになり、

▼**阿史那賀魯**(?～六五九)　西突厥の武将で、西方支配を任されていた。のち転々と居を移し、庭州(ビシュバリク)で唐に内属したが、六五一年に背いて自立。唐は三回にわたって討伐軍を派遣し、六五七年に鎮圧。賀魯は長安に送られて没した。

やがて六九頁で取り上げた聖暦三年勅のような使節の旅費規程が必要とされるようになったと思われる。

　ところが、七世紀後半の高宗期末期には、モンゴリアの突厥が唐の羈縻支配から脱却し、第二可汗国として独立した。そのため、則天武后期の朝廷は突厥との緊張関係に追われることになった。八世紀の玄宗期になると、第二可汗国のビルゲ・カガンは本拠地を南モンゴリアから北方に移し、唐とは友好路線をとるようになったので、突厥との緊張関係はややゆるんだ。東北の高句麗故地に勃興した渤海とも一時戦争状態になったが、それも和平にこぎつけた。ところが、西方では西突厥の故地に突騎施▲(テュルギッシュ)が自立し、この突騎施対策が、ちょうどそのころソグディアナに勢力を伸長させていたアッバース朝イスラーム軍と衝突する結果をまねき、七五一年のタラス河畔の戦い▲となった。この戦いは、まるで当時の天下分け目の戦いのように思われがちだが、この敗戦によって唐と中央アジアとの関係が根底からくずれたわけではない。唐からみれば、それははるか西方でのできごとだったのである。南方では、玄宗期にはじめて広州《こうしゅう》の市舶司《しはくし》▲が登場し、南海貿易の経済圏との繋がりが本格化しはじ

▼突騎施　テュルク系の一派で、西突厥滅亡後、その故地を領有した。可汗蘇禄(そろく)は八世紀前半に一時大勢力をふるったが、その死後突騎施は分裂して衰退した。

▼タラス河畔の戦い　七五一年、高仙芝(こうせんし)率いる唐軍がアッバース朝イスラーム軍に大敗した戦い。捕虜となった唐兵に製紙職人がおり、製紙法を西方に伝えたという。

▼市舶司　海上貿易事務を管理する官署。玄宗期にはじめて広州に設置され、宋代には泉州(せんしゅう)・明州(めいしゅう)など多くの都市に整備され、南海貿易を担った。

める。このように、八世紀前半のユーラシア国際関係は、一応均衡がとれていた。玄宗期の唐が外交関係をもった相手国は、七十余国におよんだという。それにともなって、唐の社会も外来文化が中国になじみ、文化的に洗練されてきた。

このような東アジアの国際体制を根底からゆるがしたのは、七五五年に始まった安史《あんし》の乱である。安禄山《あんろくざん》・史思明《ししめい》を首謀とするこの反乱は幽州《ゆうしゅう》（現在の北京）方面から起こり、多数の異民族兵とともにまたたくまに洛陽を陥落させ、西の潼関《どうかん》を突破して長安にまで攻め込み、玄宗は蜀《しょく》の地に逃げ延びた。唐にとって幸運だったのは、安史の乱の一〇年ほど前にモンゴリアの突厥第二可汗国が崩壊し、新たにウイグルの可汗国が勃興し、そのウイグルが援軍を派遣してくれたことであった。このウイグル援軍と、反乱軍側の内部分裂とが大きな要因となって安史の乱は収束したが、八年間におよぶこの反乱によって華北は荒廃し、唐は国内統治体制まで改めねばならなくなった。それまで辺境におかれていた節度使《せつどし》▲を内地にも設置し、節度使による地方分権体制（藩鎮《はんちん》体制）でなんとか王朝を維持したのである。さらには、当然ながらウイグルに大きな借りが

▼**節度使**　異民族の侵入に備えて辺境に設置された軍団の長官。安史の乱後は内地にもおかれ、軍事権のみならず行政権・財政権も握って半独立的地方勢力に成長した。

▼**高級絹織物を代表する錦**　錦は種々の色糸を横糸に使って文様を織り出す。写真はトゥルファンのアスターナ古墓出土の獅子狩文。

でき、以後の唐はウイグルに絹織物などの貢物を贈らねばならず、中国とモンゴリアの勢力関係は完全に逆転した。

安史の乱でもっとも重要なことは、この反乱によって、テュルク系騎馬兵を主力とする唐の北辺体制が崩壊してしまったことである。また、鎮圧のために河西の兵を東に動かしたため、河西地方の防備が手薄となり、その隙をついて吐蕃が河西を押さえた。こうして唐は、北方・西方の防衛体制を失った。とくに北方防備は唐の命綱ともいうほど重要で、それが崩壊したことは、あたかもかつて六鎮《りくちん》の乱によって北魏の体制が崩壊し、それによって新しい時代の幕が開いた展開によく似ている。したがって、安史の乱後の東アジアはまったく新しい時代へと向かわざるをえないのである。

それならば、それはどのような変化であったであろうか。

朝貢における財貨交換の構造

第三章で、外国使節が入朝したさいの唐側の対応の仕方をみたので、まずそれと関連する問題を追いかけてみよう。当時の使節派遣による外交は、国書と贈物の交換によって成り立っていた。国書は、紛争解決のための交渉や相談もあれば、友好関係維持のための挨拶もあったであろうが、国家間の意思伝達は贈物をともなっておこなわれたのである。

いま、唐から外国にもたらされた贈物をみてみると、それはおもに錦・綾などの高級絹織物▲や金銀工芸品▲などであった。当時、これらを製作する技術では、唐にまさる国はなかった。東アジアの国々は、それらを外交によって入手していた。そうして入手した財貨を、国家元首は蔵の奥深くしまいこんではいけない。たまには臣下にみせびらかせ、功臣に賜らなくてはならない。そうやってはじめて権威と権力が形成され、維持されるからである。つまり、これらの財貨は「消費財」ではなく、「威信財」として機能した。わが国でいう「唐物《からもの》」▲がそれにあたる。

同様に、唐側からみても、自国で製作されたこれらの財貨が、むやみに国外に流出してしまっては意味がない。皇帝から賜るからこそ、唐の朝廷の威信が光り輝くのである。したがって、唐では財貨の国外持ち出しは厳しく禁止されていた。法令の条文をみると、輸出禁止品はやはり錦などの高級絹織物がその

▼金銀工芸品　西安・何家村にある唐皇族の邸宅だったと考えられる遺址より、多数の金銀器が出土した。写真はその一つ、狩猟文高足銀杯。

▼唐物　『宇津保物語』「楼上」(ろうのうえ)上巻に、藤原仲忠(ふじわらのなかただ)がいぬ宮への秘琴伝授にさいして京極の邸に楼を造り、内部を錦・綾・紫檀(したん)・白檀(びゃくだん)・蘇枋(すおう)などでかざって権勢を誇示する場面が描かれる。唐物の使用例といえよう。

中核を占めている。

それならば、唐政府はそれらをどのようにして入手していたのであろうか。通常、国家による自国領域内の財の確保・集中方法としては、まず税が想定されよう。唐前半期における税は、いうまでもなく租《そ》・調《ちょう》・役(または庸《よう》)であるが、調や庸として高級絹織物が大量に納税されるはずがない。調・庸でおさめられる布帛は、官僚の給料や行政・軍事の経費にあてられるのである(唐代では絹・麻布が紙幣にあたる)。ところが、唐では税のほかに、国内の財貨を中央に集中させる制度が存在した。それは「貢献《こうけん》」制と呼ばれる。

貢献とは、地方官が所轄地の特産品を買い上げ、それを中央政府に輸送するシステムである。その特産品は「土貢《どこう》」「常貢《じょうこう》」と称され、この呼称からもうかがえるように、貢献とはたまたま良質のものができたので、それを都に送るというようなものではない。地方によって貢献する土貢が決まっているのであり、各地の貢献物をみると高級絹織物が多く含まれている。それらを在地でどのようにして製造したかを伝える史料は乏しい。ただし、幸い当時の詩人がそのありさまを彷彿とさせる作品を詠んでいるので、それをいくつか取り上げてみよう。

織錦曲《しょくきんきょく》（冒頭）　王建《おうけん》▲（『王建詩集』巻二）

大女《たいじょ》、身は為る織錦戸　大人の女、その身は織錦戸であり
名は在《あ》り、県家《けんか》の供進簿《きょうしんぼ》　その名は県の供進簿に登録されている
長頭、様《よう》を起こし作官に呈《てい》す　かしらが文様サンプルを官に提示した
聞くならく官家《かんか》苦難に中《あ》たる　聞けば役所ではクレームがついたという

この作品は、蜀地方の織錦戸として登録された女性をモチーフとし、寝る間も惜しんで錦を織って貢がねばならない女工の姿を、宮中女性と対比させて謳《うた》う。

繚綾《りょうりょう》（一節）　白居易《はくきょい》▲（『白氏文集』巻四）

織る者は何人ぞ、衣《き》る者は誰《たれ》ぞ　繚綾を織るのはだれで、着るのはだれか
越渓《えつけい》の寒女、漢宮の姫　越の貧女が織り、宮中の姫が着る
去る年、中使《ちゅうし》口勅《こうちょく》を宣《の》べ　去年、朝廷からの使者が詔を述べ
天上より様を取りて人間《じんかん》に織らしむ　宮中の文様に従って民間に織らせた

▼**王建**（?～八三〇?）　中唐の詩人。韓愈（かんゆ）の門に学び、宮中の事情につうじて宮詩一〇〇首をつくった。『王建詩集』一〇巻がある。

▼**白居易**（七七二～八四六）　中唐の詩人、字（あざな）は楽天。詩風は平易明快で、大衆の感情に訴える。代表作は「長恨歌」「琵琶行」。『白氏文集』七五巻があり、日本でも愛誦された。

ここでは、越州《えつしゅう》地方の貧女が宮中女性のために、中使の口勅を受けて、朝廷が決定した文様に従って綾を織る悲哀が謳われる。この詩には「繚綾は越中の織る所なり。貞元《ていげん》（七八五〜八〇五年）中、歳ごとに入貢《にゅうこう》す」という注が付されているので、明らかに貢献の女工を謳った作品である。引用末尾のくだりには、なかば強制的な貢献制のありさまがよくあらわされている。

さらには元稹《げんしん》▲「織婦詞《しょくふのし》」（『元氏長慶集《げんしちょうけいしゅう》』巻二三）も織錦女工の哀歌であるが、作者自身が「荊州《けいしゅう》に立ち寄ったとき、貢綾戸《こうりょうこ》を目撃したことがある。生涯嫁がない女性がいる」と注している。この「貢綾戸」も、王建詩の「織錦戸」と同様の形態とみられる。

その他、唐代の史料からは、江南道宣州《こうなんどうせんしゅう》の広さ一〇丈の紅繍毯《こうじゅうたん》、嶺南道廉《れいなんどうれん》州《しゅう》の監珠戸（真珠）、洛州鄠県《らくしゅうこうけん》の薬物、嶺南道梧州《ごしゅう》の白薬子（薬草の蔓《かずら》）、揚州《ようしゅう》の天子鏡（銅鏡）などの貢献戸が知られる。これらの貢献戸は、一生それらの製作や採取にたずさわっていたであろう。それどころか、先祖代々の専業、さらには聚落をあげての専業であったとさえ思われる。唐は、このようにして国内の財貨を買い上げて中央に集中させていたのである。その代価は、当然なが

▼**元稹**（七七九〜八三一）　中唐の詩人。その詩は通俗平易を主とし、白居易とともに元白と並称される。『元氏長慶集』六〇巻がある。王建・白居易・元稹の三詩人のように、中唐期になるとそれまでの定型美ではなく、自然主義的な心情を謳う詩がふえる。

税収入があてられた。

ところで、国家が高級絹織物などを入手するには、もう一つ方法があった。それは、都の官営工房での製作である。唐の官営工房は、長安城皇城の少府監《しょうふかん》にあった。ここで錦・綾や金銀工芸品を製作するのであるが、その原料は税物や貢献物の生糸や金銀であった。唐では、税物は太府寺《たいふじ》の左蔵庫《さぞうこ》にはいり、その一部が原料として少府監にまわされ、製品は皇帝の倉庫である内蔵庫《ないぞうこ》にいれられた。この内蔵庫から、功臣への賜物や外国への贈物が出庫されるのである。一方、貢献物は太府寺の右蔵庫《うぞうこ》にいれられ、優れた製品はそこから内蔵庫に移管された。わが国の東大寺正倉院や法隆寺などに伝えられる唐伝来の錦織物も、少府監の官営工房で製作されたか、あるいは越地方の貧しい女工によって織られたものかもしれないのである。

逆に、外国使節がもたらす贈物はどのようにあつかわれるかというと、じつは唐ではこれも「遠夷からの貢献」としてとらえられ、右蔵庫にいれられた。したがって、A国からの贈物が右蔵庫から内蔵庫に移管され、それがB国への贈物として使用される可能性もあった。朝貢による財貨は、このように動いたのである。

海商の時代へ

唐・玄宗期のある年の歳入(国家税収入)と北宋末期のある年の歳入の大要を比較▲すると、つぎのとおりである。

〔唐〕絹織物　合計七四〇万疋《ひき》　麻布　合計一六〇五万端《たん》
〔宋〕絹織物　合計一六五一万疋　麻布　合計四八五万疋

唐では、このほかに租粟の代納の絹・麻布として「二二〇〇万疋・端」が計上されているが、内訳は不明である。右の数値だけでみても、宋代の絹歳入は唐代の二・二倍以上であり、逆に麻布歳入は唐代の三分の一以下に減っている。つまり、宋代は絹の時代といってもよいが、唐代はまだ麻布の時代なのである。唐の租粟代納の二二〇〇万疋・端も、多くは麻布であろう。

それでは、唐と宋のこの絹歳入の差はなにによって生じたのであろうか。八一頁の地図は、唐・玄宗期と唐末・五代・北宋初期の高級絹製品・通常絹製品・金・銀の貢献地を地図においたものである。この二図を比べてみると、ま

▼唐・宋歳入の比較　歳入はその年の国家税収入。下記の唐の歳入は天宝年間(八世紀半ば)のある年(『通典』巻六)、宋は元豊(げんぽう)年間末期(十一世紀後半)の年の数字(『宋会要輯稿』食貨六四)。宋の麻布の単位が「疋」になっているが、「端」の代用詞である。ちなみに、唐の絹と麻布の価値比率は、絹四=麻布五。

●唐・玄宗期の貢献品の貢献地(上)と九〜十世紀の貢献品の貢献地(下)　貢献品は絹・金・銀にとどまらないが、ここでは外国使節への返礼品としてよく用いられるこれらの品を示した。貢献地であるので、厳密にいえば生産地ではないが、かさなるとみてよい。七七〜七八頁の王建・白居易・元稹の詩にみえる「蜀」「越州」「荊州」は下の地図にみられる。『大唐六典』巻三、『通典』巻六、『元和郡県図誌』、『太平寰宇記』をもとに作成。

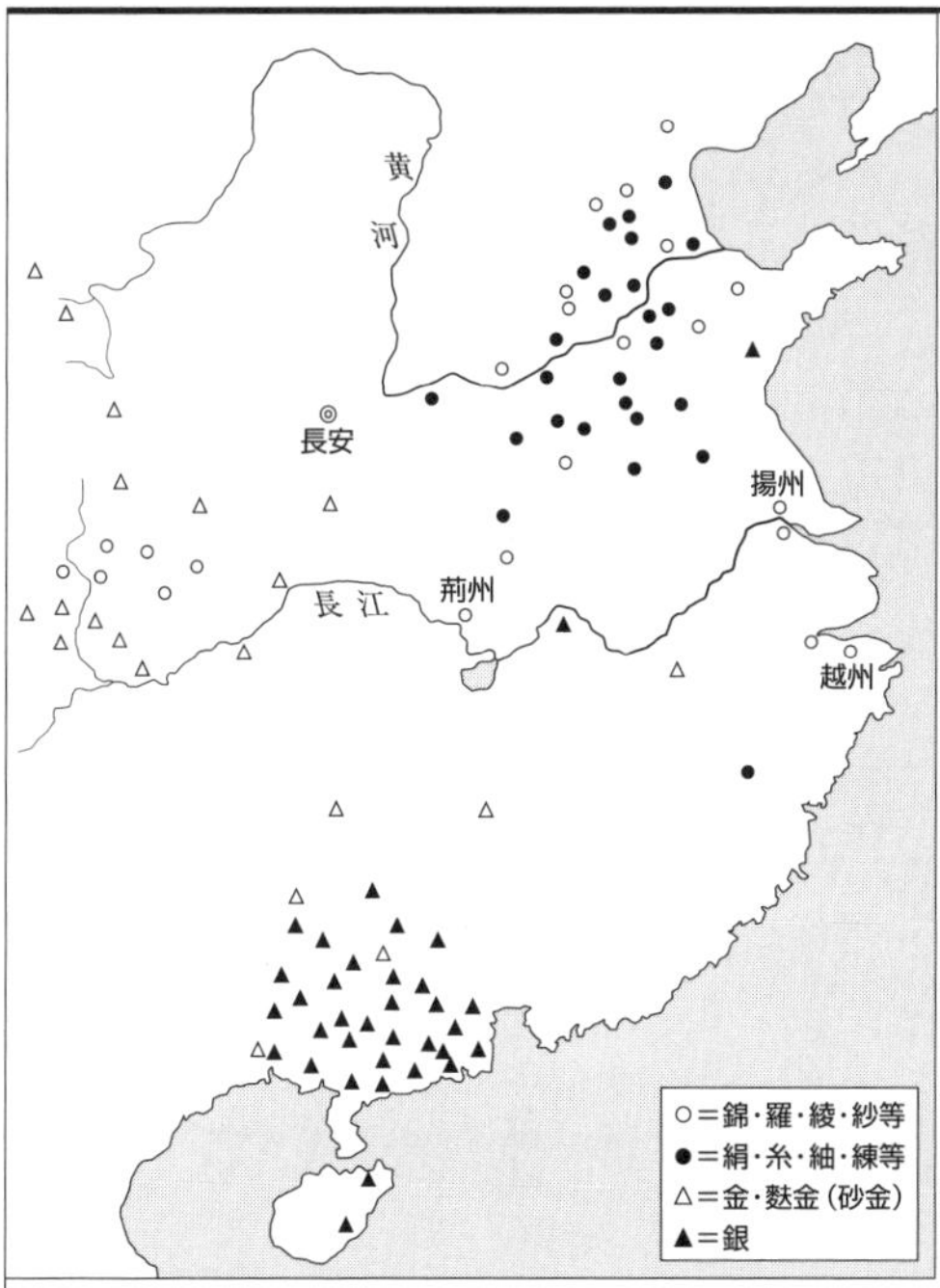

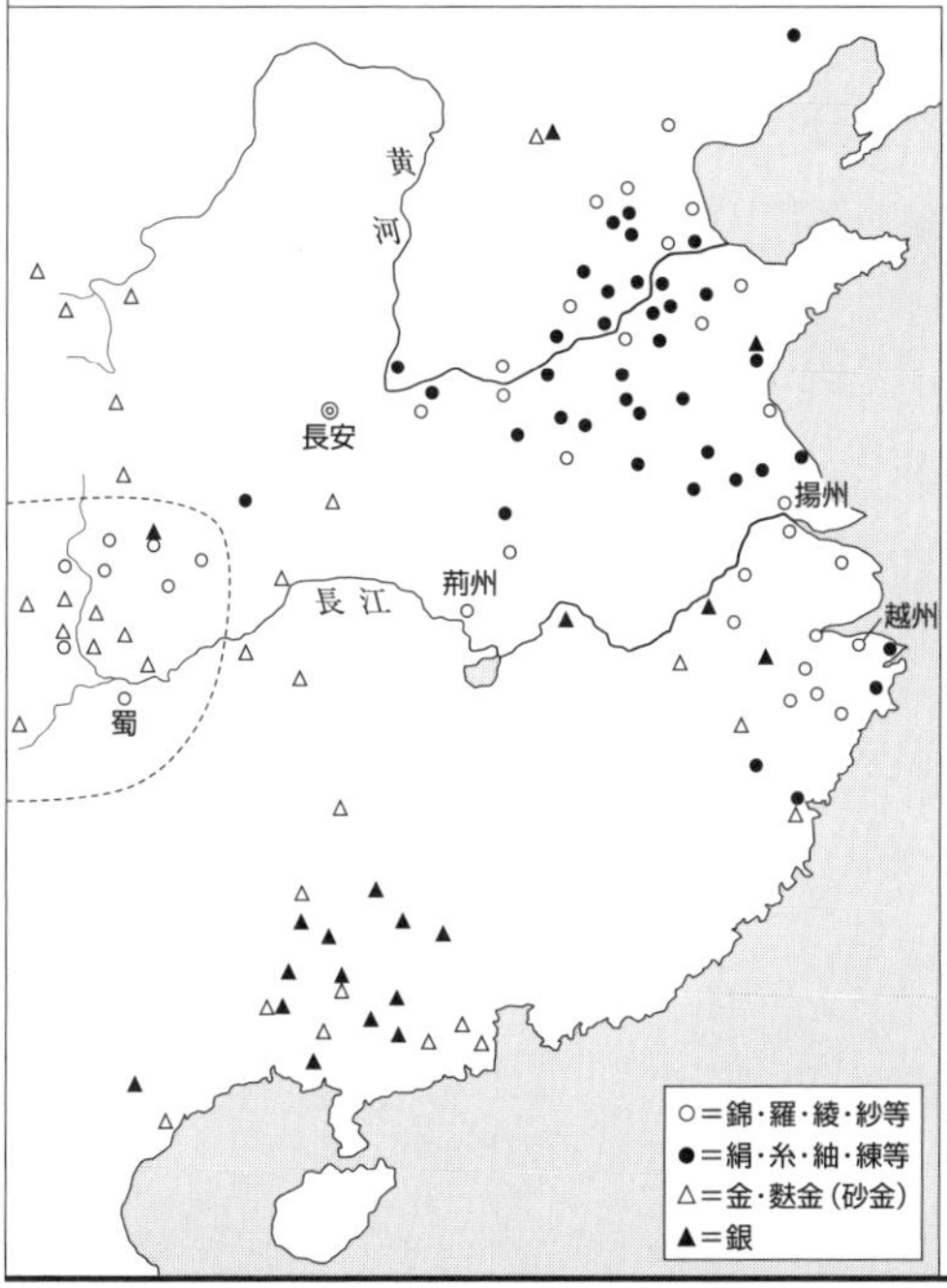

ず絹織物の伝統的産地は黄河下流域と四川であることがわかる。ただし、両図で金・銀の貢献地には大きな違いがないものの、絹製品(それも高級絹製品)の貢献地が下の図では長江下流域南方に発展しているようすをみてとることができる。じつは、宋代では絹織物工業が長江下流域に新興産業としてさかんになったことが知られており、それが貢献にもあらわれているのである。とすれば、唐と宋の国家歳入の差異は絹織物工業地帯の拡大が背景になっているとみてよいであろう。

さて、これまでにみたように、貢献制とは国家が製作・採取させた財貨を買い上げる制度であった。では、その政府の支配力が弱まり、買い上げる能力が衰えればどうなるであろうか。製作・採取する在地側からみれば、それは最大の買い手を失ったことを意味するのであり、そうなれば財貨は民間商業に乗って動き出す。九世紀は、民間の海上貿易商が活発に動き出す時代でもあった。それは、中国山東半島および淮水《わいすい》河口地域、朝鮮半島南部、北九州を結ぶ貿易圏をつくった新羅商人、長江河口地域と北九州とを結んだ唐商人の台頭によってあらわれた。やがて日本も通商や人的往来を彼らに頼るようになり、唐との

▼**張友信**(生没年不明)　『続日本後紀』(しょくにほんこうき)承和(じょうわ)十四(八四七)年七月辛未条、『三代実録』貞観(じょうがん)六(八六四)年八月十三日条などに、大唐通事としてその名がみえる。日本の帰国僧も彼の船を利用している。

▼**呉越**(九〇七〜九七八年)　銭鏐(せんりゅう)が杭州を中心に建国、皇帝は五代継承された。経済・文化に優れ、契丹・高麗・日本にもその貿易船が来航。

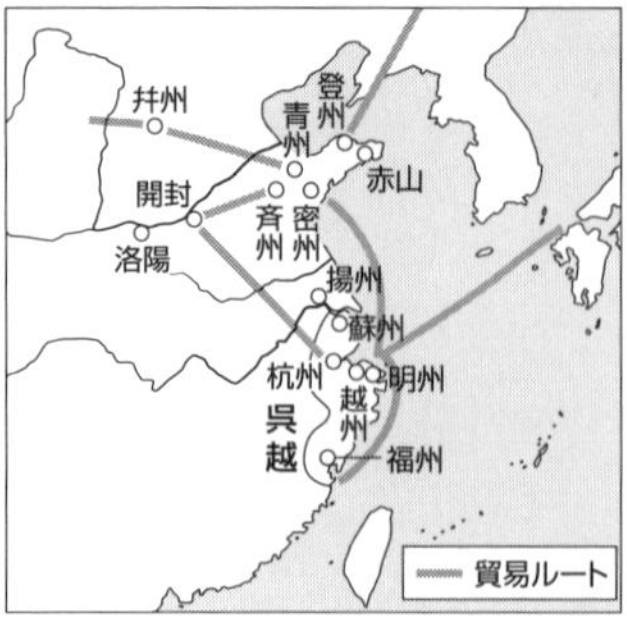

交渉事務をとりしきる通事《つうじ》を任命する。日本の史料に名が登場する通事の張友《ちょうゆう》信《しん》▲(唐商)は有名である。五代十国時代には、長江河口地域に呉越《ごえつ》▲という国ができ、呉越の商人が大宰府に錦などを運んできたことが、『本朝文粋《ほんちょうもんずい》』▲所収の日本から呉越宛ての国書に述べられている。さらに北宋時代になると、宋から日本への国書が、中国商人によって伝達されている。もはや、遣唐使の時代ではなくなったのである。さらに、中国南岸にはイスラーム商船が時代をくだるにつれて多く到来するようになった。

『竹取物語』の「火鼠《ひねずみ》の皮衣」の話、▲『源氏物語』「梅枝《うめがえ》」の大宰大弐《だざいのだいに》の奉物の話▲などは、民間商人の時代を背景にしてこそふさわしいエピソードといえよう。したがって、従来しばしばいわれたような「遣唐使の廃止→中国文物の輸入停止→文化の和風化→国風文化形成」という思考図式は、いまや成り立たないのである。

九世紀のユーラシアと中国

ユーラシア大陸全体をみても、九世紀は大きな転換の時代であった。まず、

▼**『本朝文粋』** 平安時代の漢詩文集。藤原明衡(ふじわらのあきひら)編。巻七に呉越あての国書が二通載せられている。

▼**「火鼠の皮衣」の話** かぐや姫から火鼠の皮衣を結婚条件とされた阿倍御主人(あべのみうし)は、唐の商人より取り寄せる。

▼**「梅枝」の大宰大弐の奉物の話** 光源氏が、大弐献上の絹を二条院の倉所蔵の唐物錦と比べて、今のものは昔より品質が劣っていると判断する一節。遣唐使将来品と民間貿易品との対比と思われる。

モンゴリアでウイグルの遊牧国家が崩壊し、これを機にテュルク民族の西方大移動が起こった。移動したウイグル族は天山東部に西ウイグル王国を建て、さらに西方に移動したテュルク族は徐々にイスラーム化し(テュルク・イスラーム)、やがて中央アジアにカラ・ハン朝を、ついで西アジアに進出してセルジューク朝を建て、中世ヨーロッパの十字軍運動の契機をつくった。こうしてテュルク族は、イスラーム世界の重要な一翼を担うようになった。テュルク族の移動したモンゴリアには、のちにモンゴル族が分布するのである。

一方、中国では、都市に大きな変化があらわれた。坊《ぼう》のなかの寺院や富豪の家が、そして庶民までも、坊の壁をくずしたり穴をあけて、勝手に自家専用の門をつくりはじめたのである。もちろん政府は禁止したが、結局取り締まれず、坊壁は断絶し、穴だらけになり、坊制そのものが機能しなくなった。こうなると、東市《とうし》・西市《せいし》の市制も意味がなくなり、北宋になると首都開封《かいほう》は、街路に向かって店舗が入り口を開いて並ぶ、現在の商店街と同じ構造をもつ都市となった。しかもそこでは、夜市《やし》(夜間営業)がふつうにおこなわれていた。このような変化は、たんに都市民のエネルギーがもたらしたというだけでなく、一面で

▼**西ウイグル王国**　西方に移動したウイグル人は、ビシュバリク、トゥルファンを支配下にいれ、天山山脈南北にまたがる王国を建てた。十三世紀にモンゴルに征服されるまで政権は存続した。

▼**カラ・ハン朝**(十世紀半ば〜十二世紀半ば)　テュルク系最初のイスラーム王朝。東西トルキスタンを支配したが、西部はセルジューク朝に、東部は契丹族の西遼(せいりょう)に征服された。

▼**セルジューク朝**(一〇三八〜一一九四年)　中央アジアから興ったテュルク系王朝。トゥグリル・ベクがバグダードに入城してブワイフ朝を倒し、カリフよりスルタンの称号を授与された。この王朝のビザンツ帝国圧迫が、西ヨーロッパの十字軍を引き起こした。

▼**燕雲十六州**　燕州(北京)・雲州(大同〈だいどう〉)を中心とする河北・山西の北部地域。後晋の石敬瑭(せきけいとう)が建国協力の見返りとして契丹に割譲した。

▼**西夏**（一〇三八〜一二二七年）　チベット系タングート族が寧夏を中心に建国。東西の中継貿易で繁栄したが、チンギス・ハーンに滅ぼされた。独自の西夏文字を考案。

燕雲十六州と西夏

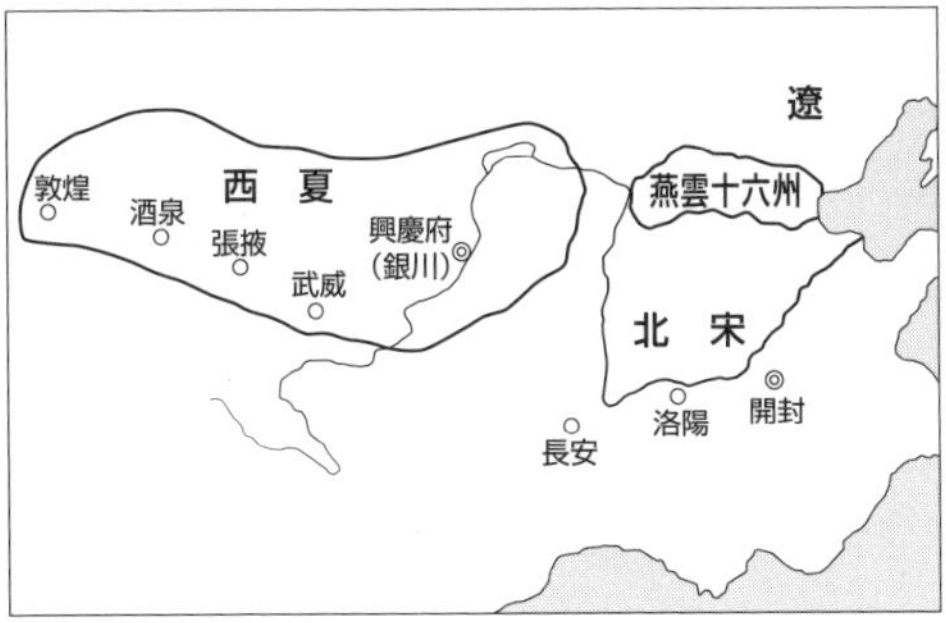

は国内の商業隆盛を背景にして起きたものとみられるであろう。

さらに中国の領域をみれば、唐は前半期に押さえていた北方辺境を支配できなくなり、現在の北京方面から山西省北部におよぶ地域（燕雲《えんうん》十六州▲）はついに十世紀前半の五代・後晋《こうしん》によって契丹に割譲された。河西地方は、九世紀前半に吐蕃の勢力圏に組み込まれ、一時唐が奪回したもののついでウイグル（甘州ウイグル）に占拠され、やがてはタングート族が自立した西夏《せいか》▲によって寧夏《ねいか》・甘粛《かんしゅく》・陝西北部は領有された。これらの地に唐前半期におかれていた州は、北宋期の地理書『元豊九域志《げんぽうきゅういきし》』巻一〇では「化外州《けがいしゅう》」と呼ばれ、明らかに外地としてあつかわれている。すなわち、九世紀に唐の支配領域は徐々に狭まり、中国社会の中心は東に移り、北方・西北方の国境地帯を含まないその内側に、やがて宋ができるのである。したがって、宋代以降は長安に都がおかれることは二度となかった。

東アジアにおける唐という時代

さて、以上のようにユーラシア史の国際関係から唐王朝をながめてみると、唐という時代はいかなる意味をもっていたのであろうか。

唐の源流は六鎮の乱まで、おそらくは五胡十六国まで遡る。中国史の五胡十六国時代は、西洋ではゲルマン民族大移動期にあたる。この両者は連動しているとみるべきであろう。すなわち、ステップ地帯の遊牧民族の動きが、西方ではゲルマンの大移動をもたらし、東方では五胡十六国をもたらしたのである。したがって、西洋と同様に東洋でもこれが新しい時代の幕を開けた。その新しい動きは、中国では北魏《ほくぎ》と南北朝対峙の局面を形成し、さらに六鎮の乱によってつくりなおされ、やがて唐と突厥との衝突をへて、唐・太宗によって完成された。この南モンゴリアと華北の地の息詰まるような抗争が、江南を含む中国の統一をもたらし、また中央アジアの経済・文化ともつながり、中国史をつくりなおしたのである。したがって、唐の軍事体制が遊牧騎馬戦術を組み込むかたちとなったのは、当然のなりゆきだったのである。

ところが、この体制は安史の乱で崩壊してしまった。安史の乱こそが、五胡以来の歴史的潮流の最終的な帰結であったといっても過言ではない。唐末に山西で沙陀《さだ》が勢力を強め、五代を形成したが、結局はそれは中国統一をもたらさず、北京方面から山西北部・オルドスをへて河西にいたる地域に、中国側の政権が優勢をふるう体制は実現しなかった。これらの地域を北方の遊牧勢力が押さえたことによって、征服王朝▲の時代の幕が開けられ、それはモンゴルで完成したのである。

一方、唐の後半から宋代にかけては、ユーラシアの商業ネットワークの比重が内陸貿易から海上貿易へと移りかわる時代でもあった。中国では、この時代に華北と江南の人口比率▲が逆転し、経済の中心は江南へ、それも沿岸地帯へと移った。今日の中国経済は、その延長線上にあるといってよい。やがて、この内陸と海上の商業ネットワークはモンゴルによって結びつけられ、十四世紀のイスラーム海上交易の隆盛をもたらし、大航海時代を用意した。

すなわち、唐という時代は、その前半期は内陸部の政治・経済の一体化をもたらし、後半期はユーラシア海域部の一体化を用意したのであった。七~九世紀のユーラシアは、ちょうどその過渡期にあたっていたのである。

▼征服王朝　本拠地を保持しつつ中国領を支配し、二重統治体制をしいた王朝。ウィットフォーゲル（米）が遼・金・元・清を指して呼んだ。

▼華北と江南の人口比率
前漢末期　華北九弱・江南一強
西魏初期　華北七・江南三
唐中期　華北六半・江南三半
北宋中期　華北三半・江南六半
唐後半から北宋期にかけて人口比が逆転したことがわかる。

参考文献

荒川正晴『オアシス国家とキャラヴァン交易』（世界史リブレット62）山川出版社　二〇〇三年
池田温「八世紀中葉における敦煌のソグド人聚落」『ユーラシア文化研究』一　一九六五年
石見清裕『唐の北方問題と国際秩序』汲古書院　一九九八年
石見清裕「入唐日本人「井真成墓誌」の性格をめぐって――中国唐代史の立場から見ると」『アジア遊学』七〇　勉誠出版　二〇〇四年
榎本淳一『唐王朝と古代日本』吉川弘文館　二〇〇八年
王勇『唐から見た遣唐使――混血児たちの大唐帝国』（講談社選書メチエ）講談社　一九九八年
金子修一『隋唐の国際秩序と東アジア』名著刊行会　二〇〇一年
氣賀澤保規『絢爛たる世界帝国――隋唐時代』（中国の歴史6）講談社　二〇〇五年
鈴木靖民編『円仁とその時代』高志書院　二〇〇九年
妹尾達彦『長安の都市計画』（講談社選書メチエ）講談社　二〇〇一年
専修大学・西北大学共同プロジェクト編『遣唐使の見た中国と日本――新発見「井真成墓誌」から何がわかるか』朝日新聞社　二〇〇五年
唐代史研究会編『隋唐帝国と東アジア世界』汲古書院　一九七九年
東野治之『遣唐使船――東アジアのなかで』（朝日選書）朝日新聞社　一九九九年

礪波護・武田幸男『隋唐帝国と古代朝鮮』（世界の歴史6）中央公論社　一九九七年
藤善眞澄『安禄山』人物往来社　一九六六年（のち『安禄山――皇帝の座をうかがった男』中公文庫　二〇〇〇年として再刊）
古瀬奈津子『遣唐使の見た中国』（歴史文化ライブラリー）吉川弘文館　二〇〇三年
堀敏一『中国と古代東アジア世界――中華的世界と諸民族』岩波書店　一九九三年
松田壽男『アジアの歴史――東西交渉からみた前近代の世界像』日本放送出版協会　一九七一年（『松田壽男著作集』五　六興出版　一九八七年、同時代ライブラリー　岩波書店　一九九二年）
宮薗和禧『唐代貢献制の研究』九州共立大学地域経済研究所　一九八八年
森部豊「唐末五代の代北におけるソグド系突厥と沙陀」『東洋史研究』第六二巻第四号　二〇〇四年
護雅夫『古代遊牧帝国』（中公新書）中央公論社　一九七六年
森安孝夫「ウイグルから見た安史の乱」『内陸アジア言語の研究』一七　二〇〇二年
森安孝夫『シルクロードと唐帝国』（興亡の世界史5）講談社　二〇〇七年
山内晋次『奈良平安期の日本とアジア』吉川弘文館　二〇〇三年
山下将司「隋・唐初の河西ソグド人軍団――天理図書館蔵『文館詞林』「安修仁墓碑銘」残巻をめぐって」『東方学』一一〇　二〇〇五年
山田信夫『草原とオアシス』（ビジュアル版　世界の歴史10）講談社　一九八五年
吉田豊「ソグド語資料から見たソグド人の活動」『中央ユーラシアの統合』（岩波講座世界歴史11）岩波書店　一九九七年

エドウィン・ライシャワー（田村完誓訳）『円仁——唐代中国への旅』原書房　一九八四年（のち『円仁唐代中国への旅——『入唐求法巡礼行記』の研究』講談社学術文庫　一九九九年として再刊）
李成市『東アジア文化圏の形成』（世界史リブレット7）山川出版社　二〇〇〇年
渡辺信一郎『中国古代の王権と天下秩序——日中比較史の視点から』校倉書房　二〇〇三年

中国語文献

栄新江『中古中国与外来文明』生活・読書・新知三聯書店　二〇〇一年
栄新江・張志清編『従撒馬爾干到長安——粟特人在中国的文化遺迹』北京図書館出版社　二〇〇四年
寧夏回族自治区固原博物館・羅豊編著『固原南郊隋唐墓地』文物出版社　一九九六年
羅豊『胡漢之間——「絲綢之路」与西北歴史考古』文物出版社　二〇〇四年

図版出典一覧

王仁波主編『隋唐五代墓誌匯編――陝西巻』天津古籍出版社　1991　65上
陝西省考古研究所編著『西安北周安伽墓』文物出版社　2003　43上
陝西省博物館編『隋唐文化』中華書局（香港）有限公司　1990　44, 75上左
蘇州大学図書館編著『中国歴代名人図鑑 上』上海書画出版社　1989　4右, 4左, 12, 23
中国内蒙古自治区文物考古研究所・蒙古国遊牧文化研究国際学院・蒙古国国家博物館編『蒙古国古代遊牧民族文化遺存考古調査報告（2005～2006年）』文物出版社　2008　19
中国国家博物館編『文物中国史 6 隋唐時代』山西教育出版社　2003　34
陳長安主編『隋唐五代墓誌匯編――洛陽巻』天津古籍出版社　1991　65中
『文物』文物出版社　2005年3期　43下
北京図書館金石組『北京図書館蔵中国歴代石刻拓本彙編 16』中州古籍出版社　1989　65下
ユネスコ『大明宮含元殿遺址保護工程』　扉
李斌城主編『唐代文化 上』中国社会科学出版社　2002　74
劉煒主編　尹夏清著『中華文明伝真 6 隋唐――帝国新秩序』上海辞書出版社・商務印書館（香港）2001　15下
Jonathan Tucker, *The Silk Road: Art And History*, Philip Wilson Publishers, London, 2003.　26, 27中, 27下, 29, 30, 50右
著者提供　15中, 39, 48, 50左
シーピーシー・フォト　64, カバー表, カバー裏

世界史リブレット 97

唐代《とうだい》の国際関係《こくさいかんけい》

2009年4月30日　1版1刷発行
2021年11月30日　1版5刷発行

著者：石見清裕《いわみきよひろ》

発行者：野澤武史

装幀者：菊地信義

発行所：株式会社 山川出版社

〒101-0047　東京都千代田区内神田1-13-13
電話　03-3293-8131(営業)　8134(編集)
https://www.yamakawa.co.jp/
振替　00120-9-43993

印刷所：明和印刷株式会社

製本所：株式会社 ブロケード

 ISBN978-4-634-34935-3

世界史リブレット 第Ⅲ期［全36巻］

〈白ヌキ数字は既刊〉